這麼做誰還會討厭你

打好人際關係的4個方法

國家圖書館出版品預行編目資料

這麼做！誰還會討厭你：打好人際關係的4個方法
/ 韓百榆編著. -- 初版.
-- 新北市 : 雅典文化, 民105.01
面 ; 公分. -- (Change myself系列 ; 8)
ISBN 978-986-5753-56-6(平裝)
1.人際關係
177.3 104025090

Change myself系列 08

這麼做！誰還會討厭你：打好人際關係的4個方法

編著／韓百榆
責編／廖美秀
美術編輯／姚恩涵
內文排版／王國卿

法律顧問：方圓法律事務所／涂成樞律師

總經銷：永續圖書有限公司
永續圖書線上購物網
www.foreverbooks.com.tw

CVS代理／美璟文化有限公司
TEL：（02）2723-9968
FAX：（02）2723-9668

出版日／2016年1月

雅典文化

出版社
22103 新北市汐止區大同路三段194號9樓之1
TEL （02）8647-3663
FAX （02）8647-3660

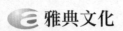

1 構建好人際關係的方法

許多人認為，做人第一，做事第二，天資居最末。如果你想成功，必須要有親和力；如果你想成為頂尖人物，必須要有創造力；如果你想成就一番事業，更必須要有影響力。

CONTENTS

2

如何與朋友相處

在競爭激烈的現代社會中，朋友非常重要，善於交朋友的人不僅生活的自在快樂，而且會得到很多機遇，會有很多人幫助。因此，你的人緣如何，交友能力如何，實際上反映你為人處事的能力。

CONTENTS

3 如何與你的主管相處

與主管保持良好的人際關係，對任何員工來說都是非常重要的，理想的上、下級關係應該以彼此間的真誠尊重、順暢溝通和關懷體諒為基礎。

CONTENTS

4 如何與下屬相處

成功的領導者，在探討問題、進行決策、與員工懇談或是在公司內的一般人際交往中，他們似乎總能保持著自己的優勢地位，總能牽動無數雙眼睛。這不僅是因為他們是領導者，更重要的是他們都對自身的形象有著良好的塑造能力。

CONTENTS

Part 1

構建好人際關係的方法

許多人認為，做人第一，做事第二，天資居最末。如果你想成功，必須要有親和力；如果你想成為頂尖人物，必須要有創造力；如果你想成就一番事業，更必須要有影響力。

人際關係是成功的第一要素

廣泛與人交往是機遇的源泉。交往越廣泛，遇到機遇的機率就越高。很多機遇就是與朋友的交往中出現的，有時甚至是在漫不經心的時候出現的。朋友的一句話、朋友的幫助、朋友的關心等等，都可能化作難得的機遇。在很多情況下，就是靠朋友的推薦、朋友提供的資訊和其他多方面的幫助，人們才獲得了難得的機遇。

一位朋友在坐火車時，和鄰座的一個人聊了起來。這個人過去是律師，後來辭職自己開了一家公司，現在這家公司發展得非常好，他們聊得很投機。到目的地後，他們匆匆交換了名片。過了幾個月後，朋友所在的公司倒閉了，他

也就失業了，找工作找了好幾個月仍無著落，他非常著急。有一天，他忽然想起了那位在火車上遇到的人，於是就打電話給他，說明了自己的情況，問他那裡有沒有適合自己的工作。雖然那個人的公司目前不缺人，但是介紹了另一家公司，讓他去面試，就這樣，他找到了新的工作。

如果到了三十五歲你仍未建立起固定的、層次分明的人際關係網，那你就離成功還有很遠的距離。這個人際關係網包括你的親人、朋友以及其他可以幫助你的人。

人際關係網不是一朝一夕就能建立起來的，它需要幾年、十幾年、甚至一輩子來培養。曾任美國總統的希歐多爾・羅斯福曾說：「成功的第一要素是懂得如何打好人際關係。」

在美國，曾有人向二千多位雇主做過這樣一個問卷調查：「請查閱貴公司最近解雇的三名員工的資料，然後回答：解雇的理由是什麼」。結果是無論什麼地區、無論什麼行業的雇主，三分之二的答覆都是：「他們是因為與別人相處不來而被解雇的。」

成就大事業的很多商界人士都意識到了人際關係對一個人成功的重要性。曾任美國某大鐵路公司總裁的Ａ・Ｈ・史密斯說：「鐵路的百分之九十五是人，百分之五是鐵。」美國成人教育學家戴爾・卡內基經過長期研究得出結論說：「專業知識在一個人成功中的作用只占百分之十五，而其餘百分之八十五則取決於人際關係。」所以說，無論你從事什麼職業或專業，學會處理人際關係，你就在成功路上走了百分之八十五的路程。因此，美國石油大王約翰・Ｄ・洛克菲勒說：「我願意付出更大的代價去獲得與人相處的本領。」

所以，你要想成功，就一定要營造一個適於成功的人際關係，包括家庭關係和工作關係。

我們與同事、上司及雇員的關係是我們的事業成敗的重要原因。一個沒有良好的人際關係的人，即使再有知識，再有技能，也得不到施展的空間。

每一個偉大的成功者背後都有另外的成功者。沒有人是自己一個人達到事業的頂峰的，假如你要想成為出類拔萃的人，千萬不能忽視人際關係。

健康的人際關係是相互依賴的平衡關係

每一種人際關係都是獨特的和神祕的，但是，如果你努力做到清楚地思考，就有可能對將要發生什麼事情、為何會發生以及對未來的影響，有一個透徹的瞭解。如果你對人際關係的目標確定得恰當而現實，那麼，你與他人的關係就會和諧地發展，令雙方滿意。反之，對對方的期望值過高，總想少付出、多索取，那麼，你與他人之間的關係只能走向死胡同。

健康的人際關係應該建立在利益共用、互相幫助的基礎上，而不是一方付出、一方獲得的基礎上。瞭解他人、體恤他人，這是你應該具備的能力，這樣做可以激發你對他人的愛、同情和理解，而這些情感是形成每一種重要的人際關係的核心。

每個人在生活中都有這樣或那樣的問題，同樣，在人際關係中也會遇到各種不同的問題，關鍵是你如何處理必然要遇到的問題，對待問題應抱何種態度。有的人遇到問題就感到恐懼和厭惡，被問題嚇倒，使人際關係受到破壞。有的人則用批判思考者的自信來對待問題，把問題看成是澄清事實、改善與他人關係的機會。

尼采曾經說過：「未被逆境摧垮的人會變得更堅強。」這句話也能用來說明人際關係。在人與人的關係中，最強大和最有活力的關係是那些經過考驗、戰勝逆境、患難與共的關係，而最脆弱的關係則是那些未經考驗的關係。因此，在後者這樣的關係中，人們很難具備處理問題的技能和自信，所以一遇挫折雙方的關係就出現裂痕甚至中斷，也就不足為奇了。因此，只有不斷地努力去解決各式各樣的問題，才能對自己解決問題的能力產生自信，與他人建立健康的關係。

健康的人際關係能把依賴和獨立調整到最佳的平衡狀態，當這個平衡被打

破時，即有的人依賴性太強或過分獨立時，就會出現這樣或那樣的問題。

在你的生活中，你可能對不同的人表現得截然不同，有時候，你並不是故意這樣去做，完全是一種自發的行為。例如，你可能在情感上非常依賴你的父母，但是，在與朋友的關係中，你則較為獨立；或者在工作中，你可能發現你自己事事要徵得老闆的同意，過分依賴上司的指導，但是，在與戀人的相處過程中則能做到獨立。此外，在相同的關係中，也可能會遇到不同的情況，有時較為獨立，有時則表現出較多的依賴性。例如，在你的戀愛關係中，一開始可能較為獨立，但是，隨著關係的發展，你變得越來越依賴對方，最終無法控制你的情感。或者你與他人的友誼最初可能表現為，你過分地依靠這種友誼以滿足自己的許多需要。同樣，獨立和依賴在人際關係的雙方之間有時也是可以互相轉化的，它反映了雙方關係發展的不同階段。父母和子女之間的關係尤其如此，因為在親子關係中不同的生活階段，依賴和獨立是常常互換的。

如果你發現某種關係失去了平衡，那麼，你該怎樣做才能使兩者達到平衡呢？健康的關係需要一個強大和安全的「自我感」。當你感到在關係中過分地依賴時，這是你的自我感軟弱。但是，在依賴的關係中，你越渴望和急迫，對方就可能離你的期望越遠。所以，克服依賴心理要在自愛和自尊的基礎上，從培養你強有力的自我感做起。

軟弱的自我感以及缺乏足夠的自愛和自尊，是因為內心的脆弱和較低的自尊使你很難與他人建立親密的關係，而要與他人建立親密的關係，必須要有不怕被排斥和受傷害的勇氣。過分的獨立常常會逃避親密，因為他們害怕情感的親密有朝一日會被冷酷的分離所取代。克服這種由過分獨立而引起疏遠的辦法，與對待過分依賴的辦法完全一樣，那就是培養你強大的、充滿活力的自我感，這種自我感是建立在自愛和自尊的基礎之上的。

合作為良好的人際關係增添力量

合作是一件愉快的事情，有些事情人們只有互相合作才能做成。同樣，幫助別人就是強大自己，幫助別人也就是幫助自己，別人得到的並非是你自己失去的。

在一些人的固有思維模式中，一直認為要幫助別人自己就要有所犧牲，別人得到了自己就一定會失去。比如，你幫助別人搬了東西，就可能消耗了自己的體力，耽誤了自己的時間。其實，很多時候幫助別人並不就意味著自己吃虧。

這個概念使我們明白，如果你肯幫助他人，與他人合作，你就能得到他人的幫助，而且你幫助的人越多，你得到的也越多。

與他人合作比單獨工作有許多好處。首先，群體成員具有不同的背景和興趣，這可以產生多樣化的觀點。實際上，與他人合作可以產生出具有創造性的思想。此外，群體成員互相提供幫助和鼓勵，每個人都能貢獻出他獨特的技能。團隊的一致性和認同感，激勵著團隊成員為實現共同的目標而努力奮鬥。這種「團隊精神」，能使每個人最大限度地實現自我價值。俗語說得好，「團結就是力量」，「眾人拾柴火焰高」。

一群人一起工作，如果全力以赴，組織有序，就能在有限的時間裡取得引人注目的成就。

企業家要想使企業在競爭中立於不敗之地，他所要做的一切工作就是引導和自己工作相關的人，在一種和諧的精神下，最大限度地貢獻他們的智慧。只有這樣，方能在行業中獲得成功。

如果個人單獨做一件事，那麼他難以獲得大的成效，取得大的成功。兩個或兩個以上的人可以結成聯盟，這樣，在和諧和諒解的基礎之上，每個人都將倍增自己的成就能力。缺乏這種合作精神將導致什麼結果呢？只會是失敗。拿破崙・希爾在自己長達二十五年的商業經驗和觀察中，親眼看到了由於衝突及缺乏合作原則而倒閉的各式各樣的工商企業，這種教訓是不可忘記的。

透過合作，既可以使我們獲得生活所需要的一切，又可以使我們的內心獲得平靜。這是貪婪者可望而不可及的。

人際交往的最佳空間距離

與人交往的合理空間距離是多少呢？這首先要看你與誰交往。美國學者霍爾研究發現：四十六到六十一公分屬私人空間。女友可以安然地待在男友的私人空間內，若其他女人處在這一空間內，她就會顯得不高興，甚至會大發雷霆。男友也可以自由自在地待在女友的私人空間內，同樣，若其他男人進入這空間時間稍長，他也肯定會吃醋。

私人空間可以延長到七十六到一百二十二公分，若討論個人問題是恰當不過的了。你若是與情人約會，可千萬不能超過四十六公分，否則對方會覺得你疏遠了他(她)，對他(她)沒有熱情，可能引起彼此間的誤解。到辦公室找主管談事情，最佳的空間距離為一百二十二到二百一十三公分。小於該距離，通常主管會誤認為你強人所難；大於這個距離，主管會誤認為你不是真心想處理事情。主管的辦公桌較為寬大，就告訴了你這一空間資訊。

同時，人際空間距離與文化背景也有關係。與不同文化背景的人交往，要處理不同的人際空間。若與美國人交談，必須保持在六十公分左右的空間距離，這是他們認為最恰當最友好的空間；若與一名阿拉伯人談話，就要小於這個距離，否則就會出現你往後退他往前追的滑稽場面。因為，前者生活在非接觸性文化環境中，而後者則生活在接觸性文化環境中。

心理學家研究證明，人們離他喜歡的人比離他討厭的人更近些，要好的人比一般熟人靠得更近些。同樣親密關係情況下，性格內向的人比性格外向的人保持較遠些的距離；異性談話比同性相距遠一點，兩個女人談話總比兩個男人談話挨得更近些。

合理運用你和他人的空間，會使你取得意想不到的交際效果。

學會讚美他人

一個生氣的男孩在媽媽那兒受到委屈，想對媽媽說他恨她，但又害怕受到懲罰，於是跑出家門，來到山腰上對著山谷大喊：「我恨你！我恨你！」山谷傳來回應：「我恨你！我恨你！」男孩吃了一驚，跑回家去告訴媽媽，在山谷裡有個可惡的男孩對他說恨他。

於是媽媽就把他帶回山腰上，並讓他喊：「我愛你！我愛你！」男孩發現有個可愛的小男孩在山谷裡對他喊：「我愛你！我愛你！」

其實，生活就像山谷回聲，你付出什麼，就得到什麼；你耕種什麼，就收穫什麼；你能在別人身上看到的東西，你自身也一樣具備。如果你想在某一領

域獲得成功，那你必須做到自己不受外在條件影響，隨時隨地看到別人身上的可取之處。

讚美別人是件好事，但不是一件簡單的事。若在讚美別人時，不能恰如其分或缺乏一定的技巧，即便是真誠的讚美，也可能不會取得好效果。所以，有效地讚美別人，就要注意運用以下幾種正確的方法。

一、以事實為根據

當你的讚美在沒說出口時，先要掂量一下，這種讚美有沒有事實根據，對方聽了是否相信，旁聽者聽了是否不以為然。一旦出現異議，你是否有足夠的證據來證明自己的讚美是站得住腳的。另外，在表達方式上，也要注意不可使對方誤入「歧途」。例如，一位母親讚美孩子：「你是一個好孩子，有了你，我感到很欣慰。」這種話就很有分寸，不會使孩子驕傲。但如果這位母親說：「你真是一個天才，在我看到的小孩子中，沒有一個趕得上你的。」那就容易使孩子沉醉在自我感覺良好的錯覺。

二、具體地讚美

我們經常看到有人漫不經心地稱讚別人：「你這文章寫得蠻好的，你這件衣服很好看。」這種缺乏熱忱、空洞的稱讚並不能使對方感到高興。稱讚別人，要盡可能熱情、具體。比如上述兩句稱讚的話，可以分別表述為：「這篇文章寫得很好，特別是後面一個問題有新意。」「你這件衣服很好看，這種款式很適合你的年齡。」這樣顯得更自然，容易使對方接受。

三、以第三人稱讚美他人

讚美對方時，若由自己說出「你看來還那麼年輕」這類的話，不免有奉承之嫌。如果換一種方式說：你真是漂亮，難怪某某一直說你看上去總是那麼年輕！這樣，對方必然會認為你不是在奉承他。在一般人的觀念中，「第三者」所說的話是比較公正、可信的。

四、鼓勵性讚美

用讚美來鼓勵，能樹立人的自尊心。要使一個人能努力把所有事情做好，首要的是激起他的自尊心。有些人因第一次做某件事情，做得不好，你應當怎樣對他說呢？不管他有多大的毛病，你應該說：「第一次有這樣的成績就不錯了。」對第一次登臺講演、第一次參加比賽、第一次投稿的人，以這樣的方式進行稱讚會讓人感動。

五、比較性讚美

兩個學生各拿著自己畫的一幅畫請老師評價。老師如果對甲說：「你畫得不如他。」乙也許比較得意，而甲心中一定不悅。不如對乙說：「你畫的畫比他的還要好。」這樣，不至於使甲下不了臺，而且乙也會很高興。

替他人著想

孫叔敖是中國春秋時期的一位賢相。在他少年時期，有一天哭著回家告訴媽媽，他回來時在路上遇見了一條雙頭蛇，據說遇見雙頭蛇的人就要死，他很害怕。母親問：「那你怎麼辦了？」孫叔敖說：「我怕別人遇見了它也要倒楣，就把蛇打死了。」母親說：「孩子，不用怕，你有這樣的善心，是不會死的。」

沙俄時代，許多反抗沙皇專制統治的進步人士被流放到遙遠而寒冷的西伯利亞。而西伯利亞當地的人則形成了這樣一個風俗：他們夜間在窗臺上放些麵包、牛奶或清涼飲料，如果有流放者路過這裡，饑寒交迫，又不敢敲門進屋，

就可以隨手取食。

這些故事向我們展現了同一種良好的人性特質——替別人著想。這是良好品格中最偉大、最寶貴的原則之一，也就是「毫不利己、專門利人」的精神。

下面是一個幽默而親切的小故事，讓我們在品味美好的同時，擁有一份感動。在一家餐館裡，一位老太太買了一份牛排，在餐桌前坐下，突然想起忘了取水果。她取了水果返回餐桌後，卻發現自己的座位上坐著一個衣冠不整的人，正在吃自己的那份牛排。「他無權吃那牛排，可是，他或許太窮了，算了。不過，不能讓他一個人把牛排全吃了。」老太太心想。

於是，老人家拿起餐具，與那個人面對面坐下，不聲不響地吃了起來。就這樣，一份牛排很快被吃完了，兩人都默默無語。這時那個人突然站起身，端來一碗湯，碗裡放著兩把匙子，放在老太太面前，兩人繼續喝湯。之後，各自起身離去。「再見！」老太太說。「再見！」那人回答道。兩人顯得非常愉快。那人走後，老太太發現旁邊的餐桌上，擺著一份牛排，一份顯然被人忘了吃的牛排。

學會認輸

在人際交往中，除了要有勇氣、毅力，還要學會審時度世、能屈能伸，或者說：一定要學會認輸。學會認輸是什麼？一個人如果聽慣了這些詞彙：百折不撓，堅定不移，前仆後繼，永不言悔……那麼，他需要學會認輸。

學會認輸，就是在自己摸到一手小牌時，不要再希望自己能成為這一盤的贏家。只有傻子才會在手氣不好的時候，對自己手上的一把爛牌說，咱們只要努力就一定會勝利。當然，在牌場上，大多數人在摸到一張爛牌時會對自己說，這一盤輸定了，別管它了，抽口煙歇口氣，下回再來。但在現實生活中，

像打牌一般明智的人卻是少之又少。想想看，你手上是不是正捏著一張「爛牌」而捨不得丟掉？

當身陷「泥沼」時，有的人會想，讓人家看見我爬出來一身污泥多難為情呀；有的人會想，也許這個泥沼是個寶坑呢；還有人會想，泥沼就泥沼，我認了，只要我不說，沒人知道！甚至有人會想，就是泥沼也沒關係，我是一朵荷花，亭亭玉立，可以出污泥而不染……其實這些都是不可取的。學會認輸，就是在陷進「泥沼」裡的時候，知道及時爬起來，遠遠地離開那個「泥沼」。有人說，這個誰不會呀！但事實是不會的人多了。那個「泥沼」也許是個不適合自己的公司，也許是一堆被套牢的股票，也許是個「三角」或「多角」戀愛，也許是個難以實現的夢想……

學會認輸，就是在被狗咬了一口時，不去下決心也要咬狗一口；就是在被蚊子咬了一口以後，不氣呼呼地非要抓住「元兇」不可……然而，在現實生活中，被另一類狗咬以後，很難做到不去跟狗較勁。一些人經常在抱怨蚊子的可恥和狗的卑鄙，到處尋找報復「小人」的契機。

學會認輸，就是上錯了公共汽車時，及時地下車，另外坐一輛車。這個道理不難理解，但做起來對於有些人卻很難！於是就努力證明是售票員的錯，是他沒有阻止自己登上汽車；於是就努力說服司機改變行車路線，希望他沿著自己的正確路線前進……

人生道路上，我們不要被不屈不撓、百折不回的語彙弄昏了頭。不到黃河心不死，堅持死不認輸，從而輸掉了自己！所以，學會認輸應該是處理好人際交往最基本的前提。

一定要學會該認輸時就認輸，該撒手時就撒手，這樣，就能夠避免不必要的挫折，減少許多煩惱，妥善處理你與他人的關係。

說服別人的實用技巧

有一個這樣的故事：一個吝嗇的老闆叫夥計去買酒，夥計向他要錢，他說：「用錢買酒，這是誰都能辦到的，如果不花錢買酒，那才是有本事的人。」

一會兒夥計提著空瓶回來了。老板十分火大，責罵道：「你讓我喝什麼？」

夥計不慌不忙地說：「從有酒的瓶子裡喝到酒，這是誰都能辦到的；如果能從空瓶子裡喝到酒，那才是真正有本事的人。」

這個夥計真是個聰明人，他用智慧和幽默回敬了不講道理的老闆，使他無言以對。

俄國十月革命剛剛勝利的時候，象徵沙皇反動統治的皇宮被革命軍隊攻佔了。當時，俄國的農民打著火把嚷著，要點燃這座舉世聞名的建築，將皇宮付之一炬，以解他們心中對沙皇的仇恨。一些有知識的工作人員出來勸說，但無濟於事。列寧知道消息後立即趕到現場。面對那些憤怒的農民，列寧很懇切地說：「農民兄弟，皇宮是可以燒的，但在點燃它之前，我有幾句話要說，你們看可不可以呢？」

農民們一聽，列寧並不反對他們燒皇宮，立即允諾道：「完全可以。」

列寧問：「請問這房子原來住的是誰？」

「是沙皇統治者。」農民們大聲地回答。

列寧又問：「那它又是誰修建起來的？」

農民們堅定地說：「是我們人民群眾。」

「那麼，既然是我們人民修建的，現在就讓我們的人民代表住，你們說，可不可以呀？」農民表示贊同。

列寧再問：「哪位還要燒？」

「不燒了！」農民們齊聲答到，皇宮終於保住了。

遷怒於物往往是情感樸實、思維簡單的一種表現，關鍵在於宏觀疏導。面對激憤的群眾，列寧的幾句循循善誘的問話，使群眾理清了思路，提高了認知，保住了這座舉世聞名的建築。

列寧採取的步驟是：首先，理解和贊同群眾的觀點，這樣可以爭取到引導群眾的時間和機會；其次，正本清源，使農民懂得，皇宮原來是沙皇統治者居住的，但修建者卻是人民群眾，如今從沙皇手裡奪過來回歸人民群眾，就應該讓人民代表住，這個道理是可以服人的。因此，農民們表示贊同。最後問「哪位還要燒」，是強化迂回誘導的結果，讓群眾明確表態「不燒了」，從而完全達到了目的。

南部的一座城市，有一家經營服務業的中美合資公司業務收益急劇下降，員工士氣低落，經營者決定花費五百萬元獨家贊助一場體育比賽，同時取消了預定的員工年度加薪計劃。

消息一經傳開，很多員工的第一反應是吃驚和不理解。一些員工認為把錢花在體育比賽上毫無意義，一些員工則覺得這是有意侵犯他們的基本利益，有一個部門的員工甚至全體聯名致信總經理表示抗議。總經理意識到必須馬上與員工進行正面溝通，說服大家接受這個看上去確實有點使大家意想不到的決定。在公司智囊團的參與和精心策劃下，他在全體員工大會上發表了演講。首先談了對公司未來的構想。諸如：重塑公司的公眾形象，根據今後的創收情況認真調整工資政策、利潤分享方案，請求每個員工為實現這些構想做出貢獻。

其次，解釋了為什麼要採用贊助體育比賽的方案來擴大公司影響，強調了贊助比賽是為了推動公司的行銷並獲得長期利益，這就不得不做出暫時的犧牲。同時向員工保證，公司能夠確保員工職位的穩定性。

最後，談到目前電視、報紙、廣播媒體對體育比賽異乎尋常的關注，這種關注正是公司贊助活動獲得高額回報的基礎。所以，公司的決定儘管十分大膽，但並非莽撞，而且勝算極大。大家聽了總經理的講話，都感到有理，認為決策是正確的，員工們被說服了。

說服別人的方法有各種方式，比較典型的方法是，在勸說對方時對對方的

某些固有的優點給予適度稱讚，以便使對方得到某種心理上的滿足，減輕挫敗時的心理困擾，使其在較為愉快的情緒中接受你的勸說。

有一位雜誌社的編輯，對說服作家很有一套。不論那些人如何繁忙，他總有辦法使他們答應為其撰稿。本來他的口才並非一流，但奇怪的是，那些作家都無法拒絕他的要求。據他說，這種說法從未失誤過：「當然我知道你很忙，就是因為你很忙，我才無論如何要請你，那些空閒的作家寫的作品，無法與你相比。」

一般來說，當對方已有充分的理由拒絕，想讓他接受你的請求是十分困難的。如果你事先也知道他們會用這些理由來拒絕你，你又不堅持自己的觀點，則更增強了他對抗的意念，於是雙方的氣氛則更緊張。但若能運用前述那位編輯的處事方法，先給對方來頂高帽子，使對方無法拒絕，便巧妙地說服了對方。

拒絕的技巧

拒絕，就是不接受。在語言方面來說，拒絕既可能是不接受他人的建議、意見或批評，也可能是不接受他人的恩惠或贈予的禮物。從本質上講，拒絕亦即對他人意願或行為的間接性否定。

拒絕，既然是對他人意願或行為的一種間接的否定，那麼在有必要拒絕他人時，就應考慮不要把話說絕，別讓別人感到難為情。

拒絕的方式方法很多，以下幾點供你借鑑：

一、直接拒絕。就是將拒絕之意當場明講。採取此方法時，重要的是應當避免態度生硬，說話難聽。在一般情況下，直接拒絕別人，需要把拒絕的原因

講明白。若有可能，還可以向對方表達自己的謝意，表示自己對其好意心領神會，藉以表明自己通情達理。

二、婉言拒絕。就是用溫和委婉的語言表達拒絕之本意。與直接拒絕相比，它更容易被接受。因為它在更大程度上，顧全了被拒絕者的尊嚴。

一位男士送貴重衣服給一位關係一般的女士，這非同尋常。不如婉言相拒，說：「它很漂亮。只不過這種式樣的我男朋友給我買過好幾件了，留著送你女朋友吧。」這麼說，既暗示了自己已經「名花有主」，又提醒對方注意分寸。

三、沉默拒絕。就是在面對難以回答的問題時，暫時中止「發言」，一言不發。當他人的問題很棘手甚至具有挑釁、侮辱的意味時，「拔劍而起，挺身而鬥」，未必勇也。不妨以靜制動，一言不發，靜觀其變。這種不說「不」字的拒絕，所表達出的無可奉告之意，常常會產生極強的心理上的威懾力，令對方不得不在這一問題上「遁去」。

沉默拒絕法雖則效果明顯，但若運用不當，難免會「傷人」。因此商界人士還可以嘗試避而不答，即以回避拒絕法來拒絕他人。

四、回避拒絕。就是避實就虛，對對方不說「是」，也不說「否」，只是擱置此事，轉而議論其他事情。遇上他人過分的要求或難答的問題時，均可試試此法。

道歉的技巧

有道是「知錯就改」，人不怕犯錯誤，卻怕不承認過失，明知故犯。在人際交往中，倘若自己的言行有失禮不當之處，或是打擾、麻煩、妨礙了別人，最聰明的方法，就是要及時向對方道歉。

例如，因為不瞭解實際情況，而當眾錯怪了部下，就應當胸襟坦蕩一些，在確定自己錯了之後，絕不能文過飾非，將錯就錯，一錯再錯，而應當馬上以適當的方式向部下真心實意地道歉。這樣才會被原諒，才稱得上是智者。

道歉的方式很多，以下幾點供您借鑑：

一、道歉語應當文明規範。有愧對他人之處，宜說「深感歉疚」、「非常慚愧」。渴望見諒，需說「多多包涵」、「請您原諒」。有勞別人，可說「打擾了」、「麻煩了」。一般場合，則可以講「對不起」、「很抱歉」、「失禮了」。

二、道歉應當及時。知道自己錯了，就要馬上說「對不起」，否則越拖得久，就越會讓人家火大，越容易使人誤解。道歉及時，還有助於當事人「退一步海闊天空」，避免因小失大。

三、道歉應當大方。道歉絕非恥辱，故而應當大大方方，堂堂正正，完全徹底。不要遮遮掩掩，「欲說還休，卻道天涼好個秋」。也不要過分貶低自己，說什麼「我真笨」、「我真不是個東西」，這可能讓人看不起，也有可能被人得寸進尺，欺軟怕硬。

四、道歉可借助於「物語」。有些道歉的話當面難以啟齒，寫在信上寄去也可。對西方婦女而言，令其轉怒為喜，既往不咎的最佳道歉方式，莫過於送上一束鮮花，婉「言」示錯。這類借物表意的道歉「物語」，會有極好的回饋。

此外，不該向別人道歉的時候，就千萬不要向對方道歉。不然對方肯定不會領情，搞不好還會因此而得寸進尺，百般刁難。

即使有必要向他人道歉時，也要切記，更重要的是要使自己以後的所作所為有所改進，不要言行不一，依然故我。讓道歉僅僅流於形式，只能證明自己待人缺乏誠意。

規勸與批評的技巧

規勸，即在交談中，對他人鄭重其事地加以勸告，勸說其改變立場，改正錯誤。在這個意義上來講，規勸與批評大體上具有許多方面的共同性，因為批評就是對他人的缺點提出意見。對「多一事不如少一事」、「不願得罪人」甚至想「看一齣好戲」的人來說，他們是絕不會這樣做的。遇事而進言，乃友人之本分。

指出他人的缺點與錯誤，找出其薄弱環節，意在使之今後揚長避短，更好地為人處世。這是對「過失者」最大的關心、最大的愛護，也是對其最負責任的表現。

在規勸與批評他人時，應注意以下幾點：

一、在表達上要溫言細語。有人篤信「良藥苦口利於病，忠言逆耳利於行」之說，一上來就對別人猛下「虎狼之藥」，在批評規勸時，什麼話難聽，就跟人家說什麼。例如，他們在批評別人時，總愛擺出一副「恨鐵不成鋼」的模樣，張口閉口「瞧你這德性」、「叫我說你什麼好」、「真不想再理你」之類的話。經常一開頭，就讓被批評者心不服，氣不順，產生逆反心理，拒絕進行合作。到後來，還有可能使被批評者「奮起反擊」，反唇相譏，結果雙方勢同水火，終於釀成一場大戰，反目成仇。

人需要尊重，在批評規勸他人時也別忘了這一點。在批評規勸他人時，完全可以把同一種意思表達得中聽一些。其實，良藥未必都要苦口，忠言也不一定非得逆耳不成。把規勸批評別人的話，講得動聽一些，利己又利人，何樂而不為呢？

二、盡可能不要當眾規勸批評別人。當眾批評規勸別人，尤其是以那些有地位、有身份的人為批評對象的話，難免會讓其自尊心備受傷害。當著部下的面訓斥一名部門經理，當著孩子的面批評他的父親，都會讓後者長時間的「抬不起頭來」，或許還會因此而對批評者心存怨恨。

三、規勸與批評需要一分為二。著名公關專家卡內基曾說：「當我們聽到別人對我們的某些長處表示讚賞後，再聽到他的批評，我們的心裡時常就好受得多。」規勸批評別人時，先肯定，後否定，在肯定的基礎上局部地否定，既顧全了被批評者的自尊心，又往往使之有臺階下，這是一種很好的辦法。擅長此道者，批評他人之前，大都會進行一番自我批評。在批評下屬前，自己先承擔一定責任；規勸年輕人時，表示自己當初也曾「年輕過」；比起標榜自己「一貫正確」來，往往更容易被接受。

不良人際交往的因素

在與人的交往過程中，不良的人際關係會使人產生焦慮情緒，阻礙人們的進步。只有認清人際交往過程中心理障礙的負面影響，才能有效地排除障礙，獲得成功。

一、**自負**。只關心個人的需要，強調自己的感受，在人際交往中表現為目中無人。與同伴相聚，不高興時會不分場合地亂發脾氣，高興時則海闊天空、手舞足蹈講個痛快，全然不考慮別人的情緒和別人的態度。另外，在對自己與別人的關係上，過高地估計了彼此的親密度。這種過於親昵的行為，反而會使人產生心理防範而與之疏遠。

二、忌妒。西班牙作家賽凡提斯指出：「忌妒者總是用望遠鏡觀察一切，在望遠鏡中，小物體變大，矮個子變成巨人，疑點變成事實。」忌妒是對強過自己的人的一種不服、不悅、失落、仇視，是透過自己與他人進行對比而產生的一種消極心態。當看到與自己有某種聯繫的人取得了比自己優越的地位或成績，便產生一種忌恨心理；當對方面臨或陷入災難時，就隔岸觀火、幸災樂禍，甚至借助造謠、中傷、刁難、穿小鞋等手段貶低他人，安慰自己。正如黑格爾所說：「有忌妒心的人自己不能完成偉大事業，便儘量去低估他人的偉大，貶低他人的偉大使之與他本人相齊。」

三、多疑。這是人際交往中一種不好的心理品質，可以說是友誼之樹的蛀蟲。正如英國哲學家培根說：「多疑之心猶如蝙蝠，它總是在黃昏中起飛。這種心情是迷惑人的，又是亂人心智的。它能使你陷入迷惘，混淆敵友，從而破壞人的事業。」具有多疑心理的人，往往先在主觀上設定他人對自己不滿，然後在生活中尋找證據。帶著以鄰為壑的心理，必然把無中生有的事實強加於人，甚至把別人的善意曲解為惡意。這是一種狹隘的、片面的、缺乏根據的一

種盲目想像。

四、干涉。心理學家研究發現，人人需要一個不受侵犯的生活空間。同樣，人人也需要有一個自我的心理空間。再親密的朋友，也有個人的內心隱祕，有一個願向他人袒露的內心世界。有的人在相處中，偏偏喜歡詢問、打聽、散播他人的私事，這種人熱衷於探聽別人的情況，並不一定有什麼實際目的，僅僅是以刺探別人隱私而沾沾自喜的低層次的心理滿足而已。

五、羞怯。羞怯心理是絕大多數人都會有的一種心理。具有這種心理的人，往往在交際場所或大庭廣眾之下，羞於啟齒或害怕見人。由於過分的焦慮和不必要的擔心，使其在言語上支支吾吾，行動上手足失措。長此下去，不利於與他人正常交往。

六、敵視。這是交際中比較嚴重的一種心理障礙。這種人總是以仇視的目光對待別人。這種心理或許來自童年時期的家庭環境，由於受到虐待從而使他產生別人仇視我，我仇視一切人的心理。對不如自己的人以不寬容表示敵視；對比自己厲害的人用敢怒不敢言的方式表示敵視；對處境與己類似的人則用攻擊、中傷的方式表示敵視。使周圍的人隨時有遭受其傷害的危險，而不願與之往來。

七、冷漠。有些人在與別人交往時，總喜歡把自己的真實思想、情感和需要掩蓋起來，在他們看來，人世一切是那麼無聊，令人厭倦、平淡、無意義。他們往往持一種孤傲處世的態度，只注重自己的內心體驗，他們的行為和習慣有時令人難以理解。這種人交往的失敗點就在於自己在心理上建立了一道屏障，把自我封閉起來，無法與別人溝通。因此，他們應該增加自我的「透明度」，敞開自己的心扉，用熱情、坦誠去贏得別人的理解。這種合適的自我袒露可以增加他的吸引力。

八、自卑。在生活中，有些人缺乏對自己的正確評價，往往對自己過於苛求，估計太低。如有些年輕人感到自己的身體、相貌缺乏魅力，或感到自己能力欠缺，產生自卑心理，然而事實上，他們並不一定是沒有魅力、能力差，或事業成就低下，反而是自己期望過高，不切實際，對別人的話過於敏感，總是認為別人看不起自己。

其實，在他們的心裡則是自己看不起自己，他們害怕挫折、失敗，特別是在權威、強者或一些強詞奪理的人面前，總是感到手足無措，有時則表現出一種戒備和敵對情緒。對於這種人，必須對自己有一個清醒的認識，接受自己，無論與任何人交往都要做到不卑不亢，既不取悅別人，以博得好評來滿足自己的虛榮心，更不需要在別人面前顯示自己、炫耀自己，以提高自己的身價。人生的價值正是在於自身的展現，並不隨別人的評價而改變。這樣，就能漸漸消除自卑心理，從而獲得多數人的尊敬。

人際交往的心理表現

我們的生活中，每天都需要與人進行交流，掌握一定的交際心理方法，你就可以在芸芸眾生中脫穎而出，成為人際交往中的焦點人物。

一、首因效應

人與人第一次交往中給人留下的印象，在對方的頭腦中形成並佔據著主導地位，這種效應即為首因效應。我們常說的「給人留下一個好印象」，一般指的就是第一印象，這裡就存在著首因效應的作用。因此，在交友、招聘、求職等社交活動中，我們可以利用這種效應，展現給他人一種極好的形象，為以後的交流打下良好的基礎。當然，這在社交活動中只是一種暫時的行為，更深層

次的交往還需要其他的良好條件。這就需要你加強在談吐、舉止、修養、禮節等各方面的素質，不然則會導致另外一種效應的負面影響。

二、近因效應

近因效應與首因效應相反，是指交往中最後一次見面給人留下的印象，這個印象在對方的腦海中也會存留很長時間。多年不見的朋友，在自己的腦海中的印象最深的其實就是臨別時的情景；一個朋友總是讓你生氣，可是談起生氣的原因，大概只能說上兩三條，這也是一種近因效應的表現。利用近因效應，在與朋友分別時給予他良好的祝福，你的形象會在他的心中美化起來。有可能這種美化將會影響你的生活，因為，你有可能成為一種「光環」人物，這就是「光環效應」。

三、光環效應

當你對某個人有好感後，就會很難感覺到他的缺點存在，就像有一種光環在圍繞著他，你的這種心理就是光環效應。「情人眼裡出西施」，情人在相戀的時候，很難找到對方的缺點，認為他的一切都是好的，做的事都是對的，就連別人認為是缺點的地方，在對方看來也是無所謂，這就是一種光環效應的表現。光環效應有一定的負面影響，在這種心理作用下，你很難分辨出好與壞、真與偽。

四、設防心理

在兩個人獨處的時候，我們不時地會有些防範心理；在人多的時候，你會感到沒有自己的空間，自己的物品是否安全。你的日記總是鎖得很緊，這是怕別人探知你的祕密。為了這些，你要設防。這種設防心理在交往過程中會起到一種負面作用，它會阻礙正常的交流。

這只是交往過程中表現出來的幾種心理，我們留心身邊的人和事，你會對交往有更多的認識。愉快的人際關係會帶給你友誼和自信，有助於良好身心的建立。

保持性格的高度靈活性

現代社會是一個激烈競爭的社會，為了戰勝對手，競爭者無不使出渾身解數，不斷推出新思想、新辦法、新技術、新產品，進行激烈的角逐，使社會現象變化迅速異常。

生活於這樣一個變化多端的社會，需要人們具有最靈活、最敏捷的應變能力，審時度勢，縱觀全域，於千頭萬緒之中找出關鍵所在，權衡利弊，及時做出可行、有效的決斷。

從某種意義上說，在現代社會中，這種素質已經成為一種新的生存能力。誰能最及時地正確洞察社會變化，並能最迅速地做出反應，誰就走在時代的前列。而頭腦封閉、反應遲鈍、因循守舊、固步自封的人，會一再地坐失良機。盲目輕率地追隨變化潮流的人，也會「差之毫釐，失之千里」，造成決策的失誤。

二十世紀八〇年代中期，有一部題為《讓這個世界停下來吧——我要離它而去》的音樂喜劇片轟動了倫敦和紐約，反映了一部分西方社會的人對節奏加快的生活的反感。

托夫勒說，他們是「情願和這個世界脫離，也要按自己慣有的速度閑混下去」。在變化面前無法入門的人，自己也難以享受新生活帶來的樂趣。老年人害怕變化，希望按照自己熟悉的生活方式安度晚年，這沒有什麼奇怪。

害怕變化，這是心理衰老的一種表現。但是，年輕人卻應當喜歡變化，不應當對變化採取漠視甚至固執的態度，因為那將會有使自己的心理發生衰老的危險。為了適應多變的社會，年輕人應保持性格的靈活性，性格的靈活主要表現在為人處世的適應與變通上。大致可以歸結為三個方面。

一、善於適應環境

現代社會的發展為社會成員的自由流動提供了日益充分的物質條件，人們對環境的選擇要求日益強烈。

然而，即使是高度現代化的社會，人對環境的選擇卻總是有一定限度的。在我們這個正在從事現代化建設的國家，由於歷史的原因，更由於生產力水準的限制，在一個較長的時期內，環境與人的交互作用的主導面，恐怕還是透過人對環境的適應來改變環境，而不是調換環境。

善於適應環境表現了人的性格的靈活性，它具有多方面好處：第一，能協調自己與環境的關系；第二，能優化自己的心境與情緒；第三，能調動自己內在的積極性；第四，能為進一步發展準備條件。所以，適應環境有積極與消極、主動與被動之分。我們提倡積極的、主動地適應環境，而不是消極的、被動地順應環境。因此，適應環境與改造環境又是一個事物不可分割的兩個方面。

二、寬容待人

在人際交往中，和諧融洽是人人希望的，只是矛盾、隔閡時常光顧我們的生活。於是，對不苛求他人的靈活性格，又提出了寬容待人的要求。尊重別人的個性、習慣等，是一種寬容。

當別人對自己表現出進攻的姿態時，能做到合理的諒解、忍讓，則是更大的寬容。當然，寬容並不是不講原則，更不是寄人籬下，而是以退為進。

三、不為難自己

可見，不為難自己不是說對自己可以低標準，低要求。恰恰相反，它是為了更好地要求自己，只是這種要求是建立在實際的因而也是可能收到實效的基礎上的。

不為難自己主要有兩方面的涵義：

一是情感上的超脫。痛苦與歡樂同在，煩惱與幸福共存。成功的希望越大，失敗後的痛苦就越深。智能越高，對苦悶的體驗越敏感。

要求一個神智清醒尤其是有進取心的人對挫折和失敗無動於衷，是不現實的，正確的做法是如何迅速擺脫困境。超脫痛苦的情感，最終是為了使現實的自我上升到理智的「超我」，從而實現自己的志向。

二是志向上的彈性處理。每個有進取心的人都有自己的志向目標。但是，制定了目標未必一定能實現。靈活地對待自己，就是要對目標的難以實現進行正確歸因，而不是一味地責怪自己無能、沒出息。

這就如同登山，這條路走不通，可以走別的路；一時登不上山峰，可以先登上半山腰。這種現實的靈活態度，倒可能最終把你引上「風光無限好」的山頂。

重視培養成熟的性格

年輕人都希望能有所作為。可是，年輕人也必須要知道，事業與培養自己成熟的性格有極為重要的關係。

縱觀歷史上的傑出人物，都是一些性格成熟程度較高的人。楚漢相爭，項羽強而劉邦弱，但較量的結果，霸王別姬，自刎烏江；而劉邦卻以弱勝強，開創一代王朝。明末農民起義有十幾家隊伍，唯獨李自成能夠克敵制勝，推翻明王朝。除了其他原因之外，劉邦和李自成鮮明而成熟的性格特徵便是一個極其重要的內在因素。

同樣，科學家也是如此。居里夫人兩獲諾貝爾獎，愛迪生一生做出了近兩千項發明，這些無不與他們具備成熟的性格密切相關。正因為如此，愛因斯坦獨具慧眼地發現了這個祕密，他說：「不深入研究科學創立者的性格發展，可以瞭解和分析科學的內容。但是，在這種片面客觀的敘述中，某些步驟有時可能看來是偶然的成功……只有在對他們的智力發展進行深入研究的情況下，才能理解這些步驟是怎樣成為可能的，甚至是必要的。」由此看來，培養成熟的性格，實在是走向成功的重要階梯。

所謂性格，通常是指一個人的氣質、意志和能力。所謂成熟，包括成長、發展所能夠達到的水準和發展過程中的機能結構的變化。那麼，什麼叫成熟的性格呢？成熟的性格主要包括以下幾個方面：

一、意志堅毅

在競爭日益激烈的現代社會，意志堅毅是一項首要的特質。它使人們能頂住種種壓力，永遠立於不敗之地。首先頂得住壓力，然後才能克服壓力。

意志堅毅的人，懂得執著於目標，能夠推開不必要的麻煩，抗干擾能力極強。意志堅毅的人，保持著性格，守護著性格的每一道可能存在的缺口，才能使性格得以確保完整。

二、想像力豐富

想像力最終將把生活引領到「美麗」境界，開創美麗人生。想像力是人類共同的一道風景，它是驅使你向前的動力，使你即使處於生活低潮，依舊不會迷失方向，不會倍感無力地聽天由命。想像力作為性格的舵手是合適的，生命羅盤幾乎就是按想像力的大小製造的。

三、自我認識客觀

「認識你自己」這個命題太古老了，卻歷久彌新，是性格必須時時面對的問題。認識自我在性格的特質中表現為自我意識和自知之明兩個方面。

性格的特質應該從認識自我開始。人能夠突破環境，就是基於自我意識和自知之明的雙重思慮中產生的出色動力而達成的。真正的性格是自足的。僅僅依靠外力作用是無法達到高尚境界的。

四、智慧完善

完善的智慧有利於解除過分戒備的緊張心理狀態。有許多人，他們的本質是善良的，但在做事之前就有一個顧慮的算計，這個算計並非要將他人之物奪過來，而是試圖將屬於自己的部分緊緊抱住，不被他人搶奪。這樣的顧慮無利於事情的進行，最終將有損於自己的形象。而具備完善智慧的性格卻表現為寬容與合作的態度，他不害怕別人的算計，只把目光盯在正在進行的事情上，最後憑智力取走理應屬於自己的成果，這樣的人永遠有不可動搖的安全感。

五、勇敢

勇敢永遠是人類推崇的性格境界。勇敢的性格表現為大度和從容，因為心無畏懼，沒有理由不表現為大度和從容。大度使人不怕損失，並有絕對的信心挽回損失。從容使人能夠冷靜地判斷問題，能夠體貼別人。與從容相似的情形是猶豫。雖然猶豫和從容有天壤之別，可總有人把它們混為一談，而造成很難堪的局面。

勇敢真是一件不容易的事，它的根基必須紮在高度的自信心上，血氣之勇不是勇敢。勇敢的性格能夠笑對大業和瑣事，能夠將壓力轉化為動力。

六、超越自我

在性格的世界中，超越自我是自己對自己的戰鬥，是巔峰對巔峰的飛躍。

質和量都必須具備最強的突破力。這是個永不停息的自救行為。

一個成熟的性格是能夠洞察自己的弱點的。能夠有意識地尋找知識和力量來克服它，從而有效地解脫自身的束縛。真正的自由就是能夠超越自我的人獨享的特別樂趣。往往在別人不易察覺的剎那間，你已經變得堅強和卓越。

克服愛占小便宜的不良習性

生活中的許多「精明人」都是愛佔便宜、不願吃虧的人。愛貪圖小便宜的人在心理上都有較強烈的佔有欲望，這種佔有欲望在每得到一次小便宜的時候便會產生相應的滿足感。滿足程度與得來便宜的難易程度、大小有很大關係，且每得到一次便宜，他們的佔有欲便會加強一次。隨著這種欲望日益膨脹，很可能會產生十分嚴重的後果。

首先，它會影響你同朋友、同事、親戚及周圍的人的關係。與人相處，總想去占別人的便宜，必然會引起別人的警覺和反感，從而失去同事、親友的信任。久而久之，關係緊張，人際關係會受到影響，友誼會受到破壞。

其次，由於輿論和道德的限制，占小便宜的欲望常常會得不到滿足，於是，便使自己常常處於一種不愉快的心理狀態中，使自己的生活失去光明和歡樂。

再次，愛占小便宜的心理還會使自己胸無大志，難以成為對社會有作為的人。因為有作為的人普遍對於他人、對於社會是要有所奉獻的，而貪圖小便宜的人的心理境界是無法與他們相比的。

最後，由於此種「病症」具有擴張的趨勢，發展到一定程度便會對社會造成危害，以致走到犯罪的道路上去。

所以，必須克服和克制愛占小便宜的不良習性。下面的幾點建議值得借鑑：

一、對於有輕微愛占小便宜欲望的人和初次占了別人小便宜的人來講，有效的措施便是果斷地甩掉那點小便宜。這是因為，此種毛病對於一個正常的人來講，本身就有一種道德上、心理上的背叛。據調查，當一個人初次占別人的便宜時，往往是在貪圖欲望與道德廉恥矛盾的心理狀態下進行的，往往在進行過程中有臉紅、心跳、緊張等狀態，這時，心靈的道德標準與貪求欲望激烈鬥

爭。此時，即使是占了別人的小便宜，他(她)的良心也往往是不安的，心是不平靜的。此時，如果果斷地、自覺地拋棄得到的小便宜，自信心和正義感就會起主導作用，並在心靈深處注射了「防疫針」。同時，由於小便宜未得到，那種不良的欲望也受到了抑制，並且由於對自己產生那樣的念頭和行為而感內疚，以致產生道德上、心靈上的終身「免疫」。

二、對於已有愛占別人小便宜積習的人來講，還應有更有力的措施。人們知道，戒煙對於一個有較長吸煙史並且煙癮較大的人來講，不僅需要一定的毅力，而且還需要一定的方法，如服用戒煙糖、茶等。對於有愛占別人小便宜積習的人，最好的方法就是主動地誠懇地結交一位正直的朋友，把你的壞毛病及想改掉它的想法告訴他，請他來監督你、幫助你，並且要堅決聽從這位朋友的勸阻。每發生一次占別人小便宜的事，就要立即告訴這位朋友，甘願接受朋友的批評及處置意見。「近朱者赤」，經過一段時間，毛病慢慢就改掉了。

三、對別人的物品要有明確的界限。愛占小便宜成了習慣的人，其貪圖欲望往往產生在對別人物品等的喜好上，並且往往把別人的東西看成自己的東西。因此，有這樣積習的人如果能常常對不屬於自己的物品劃一條警戒線，即便是別人的一針一線也明確「這不是我的，我不可以用任何不道德的方法據為己有」。長期持之以恆堅持下去，就會取得很好的效果。

四、除了主觀上的努力外，開展批評、自我批評，建立朋友間相互幫助的風氣也十分重要。對愛占小便宜的不良習氣給予批評，進行公眾輿論的譴責，這種惡習就會喪失活動的場所。同時，當人們都能以互助互利的原則相處時，為社會貢獻、為朋友幫忙、為同事出力就會成為一種美德，受到人們的稱讚。

改善人際關係的十大原則

在當今社會，要想保持與他人的真誠交往，正確掌握以下原則，能夠使你與他人的人際關係更加和諧。

一、保留意見。過分爭執無益自己且有失涵養。通常，應不急於表明自己的態度或發表意見，讓他人捉摸不定。謹慎的沉默就是精明的回避。

二、認識自己。促進自己最突出的天賦，並培養其他方面。只要瞭解自己的優勢，並掌握住它，就會有所成就。

三、絕不誇張。誇張有損真實，並容易使人對你的看法產生懷疑。精明者克制自己，表現出小心謹慎的態度，說話簡明扼要，絕不誇張抬高自己。過高地估價自己是說謊的一種形式。它會損壞你的聲譽，對你的人際關係產生十分不好的影響，有損你的風雅和才智。

四、適應環境。適者生存，不要花太多精力在雜事上。不要每天炫耀自己，否則別人將會對你感到乏味。必須使人們總是感到某些新奇。每天展現一點的人會使人保持期望，不會埋沒你的天資。

五、取長補短。學習別人的長處，彌補自己的不足。在同朋友的交流中，要用謙虛、友好的態度對待每一個人。把朋友當做老師，將有用的學識和幽默的言語融合在一起，你所說的話定會受到讚揚，你聽到的一定是學問。

六、言簡意賅。簡潔能使人愉快，使人喜歡，使人易於接受。說話冗長累贅，會使人茫然，使人厭煩，而你則會達不到目的。簡潔明瞭清晰的語言，一定會使你事半功倍。

七、絕不自高自大。把自己的長處常掛在嘴邊，常在別人面前炫耀自己的優點，這無形中貶低了別人而抬高了自己，其結果則是使別人更看輕你。

八、絕不抱怨。抱怨會使你喪失信譽。自己做的事沒成功時，要勇於承認自己的不足，並努力使事情做得圓滿。適度地檢討自己，並不會使人看輕你，相反總強調客觀原因，抱怨這、抱怨那，只會使別人輕視你。

九、不要說謊、失信。對朋友、同事說謊會失去朋友、同事的信任，使朋友、同事不再相信你，這是你最大的損失。要避免說大話，要說到做到，做不到的寧可不說。

十、目光遠大。當財運亨通時要想到貧窮，聰明人時刻記著為冬天準備。一定要多交朋友，維護好朋友之間的關係，總有一天你會看重現在看來似乎並不重要的人或事。

改變自我，改變世界

俗話說：「在家靠父母，出外靠朋友。」良好的人際關係是事業成敗的關鍵。但是要建立良好的人際關係卻不是件容易的事，人與人之間關係的好壞，要看人與人之間衝突的多寡而定。不過人際關係衝突的多少則視個人的溝通方式、溝通技巧、人格特質，以及待人處世的態度而定。

有這樣一則故事，定能給你很大的啟發：很久很久以前，人類都還赤著雙腳走路。有一位國王到某個偏遠的鄉間旅行，因為路面崎嶇不平，有很多碎石頭，刺得他的腳又痛又麻。回到王宮後，他下了一道命令，要將國內的所有道路都鋪上一層牛皮。他認為這樣做，不只是為自己，還可造福他的人民，讓大家走路時不再受刺痛之苦。

但即使殺盡國內所有的牛，也籌措不到足夠的牛皮，而所花費的人力物力，更無法計量。這件事情根本做不到，甚至還相當愚蠢，但因為是國王的命令，大家也只能搖頭歎息。

一位聰明的僕人大膽向國王提出建議：「國王啊！為什麼您要勞師動眾，犧牲那麼多頭牛，花費那麼多金錢呢？您何不只用兩小片牛皮包住您的腳呢？」國王聽了很驚訝，但也當下領悟，於是立刻收回成命，改採這個建議。據說，這就是「皮鞋」的由來。

想改變世界，很難。要改變自己，則較為容易。與其改變全世界，不如先改變自己，「將自己的雙腳包起來」。改變自己的某些觀念和做法，以抵禦外來的侵襲。當自己改變後，眼中的世界自然也就跟著改變了。

如果你希望看到世界改變，那麼第一個必須改變的就是自己。

「心若改變，態度就會改變；態度改變，習慣就會改變；習慣改變，人生就會改變。」

若想改變自我，需要注意以下兩個方面。

一、社交和團體活動是最普遍的社會實踐

無論是舉辦社交和團體活動，還是與人的接觸、交談、合作，都可以增長見識、積累經驗、增強才幹、提高膽量和信心，逐漸改變孤僻、內向等不良性格，緩解活動能力與知識、經驗不足的心理矛盾。

參加這些活動，既有利於滿足人的精神生活的心理需求，又能使旺盛的精力得到宣洩，從而減少獨處時想入非非的莫名躁動。

只有與人接觸、交談和相互瞭解，才會萌發感情和建立友誼，才能找到自我。當人全心全意的投入到團體活動中時，同事的友情、團體的溫暖、娛樂的興奮，會令人忘卻生活中的煩惱、壓力，也沒有了不安全感和孤獨感，不僅有利於身心放鬆，更會因此建立情緒的良性循環，促進心理健康。

總之，參加社交和團體活動，是促進和維護心理健康的重要途徑，而心理健康又是建立融洽的人際關係的首要條件。

二、交往技巧可以幫助自己縮短與別人的距離

1.需要有自知之明。一個自我評價與社會評價差距甚大的人，是很難正確地尊重社會需要和團體意志的，往往容易使自己陷入困難的處境。所以，每一個人都應當正視自己的長處和短處，自覺地處理好個人行為與社會要求之間的關係，做到「己所不欲，勿施於人」，才可能建立良好的人際關係。

2.要體會和觀察別人的需要。由於動機的不同和興趣愛好的差異，你喜歡的別人可能厭惡，你厭惡的可能別人偏喜歡。因此，在人際交往中，若能多站到對方的立場上，設身處地替別人著想，將心比心，就可減少許多誤會和衝突。

3.要尊重和信任他人。在交往中，只有尊重和信任他人，才能贏得別人的尊重和信任，成為受歡迎的人。反之，驕傲自大、目中無人，或對人疑心重重的人，是無法與人處好關係的。要做到這點，最容易的方法是學會「做忠實的聽眾」，因為認真聆聽別人講話，是對別人最起碼的尊重，能耐心地聽人說話的人，也往往是個受歡迎的人。

4.不要過分注意別人對自己的評價。不少人害羞、怕與人交往、畏懼參加團體活動，其內心活動就是怕自己做不好，怕別人笑話，因而以「回避」與人交往的方式來保護自己的「自尊」。實際上，人無完人，即使同一件事，不同的人也會有不同的看法。所以，從偉人到平民，每一個人都會受到別人或好或壞、或褒或貶的評價，而且，多數情況下，人們喜歡評價別人的不足之處，也由此不少人就被別人的唾沫「活活淹死了」。因此，對別人的評價自己要有主見，既不為別人的讚揚而過分歡喜，也不為別人的貶低而焦慮不安，甚至心灰意懶，而要做到「有則改之，無則加勉」，坦然處之。

5.為人要光明磊落，不背後議論人，不當「長舌婦」搬弄是非。

Part 2

如何與朋友相處

在競爭激烈的現代社會中，朋友非常重要，善於交朋友的人不僅生活的自在快樂，而且會得到很多機遇，會有很多人幫助。因此，你的人緣如何，交友能力如何，實際上反映你為人處事的能力。

什麼人是真正的朋友

有兩個人一起結伴翻山越嶺，四處遊玩。他們相互間一天比一天更瞭解，關係越來越融洽，兩人約定：同生死，共患難，絕不互相遺棄。

事隔不久，他們在一條偏僻的山路上遇到一隻大熊。在這危險關頭，一個夥伴飛快地往路旁的一棵小樹方向跑，爬了上去。

樹很小，另一個夥伴不敢再冒險爬上去了。他看已經無路可逃了，只好躺倒在地，摒住氣，四肢一動也不動，裝得好像死人一般。這隻餓慌了的大熊朝他俯下身子，用爪子把他翻過來轉過去，舔舔他的臉，看看他到底還有沒有氣。

由於恐懼，這個夥伴早就嚇得麻木了，全身的血液也似乎都已凝結了，以至真的變得冰冷、僵硬，如同死人。最後，這隻熊從他身邊走開了，因為熊是不吃死人肉的。

直到這頭熊走遠後，樹上的夥伴才爬下來。他問這位裝死的朋友：「你能告訴我，你躺在地上時，熊伏在你耳朵邊講了些什麼嗎？」

「它給了我一些有益的忠告。」這個夥伴回答說，「對我最重要的忠告是：我應時時提防那些不忠實的朋友；哪怕只發現他有一點不可靠的地方，也應該儘快地離開他。」說完，他毅然離開了他的夥伴，自顧自地走了。

患難的朋友才是真正的朋友。平時的相互吹捧只是朋友交往中的表面現象，到了關鍵時候能夠給予你幫助和坦誠地指出你錯誤的朋友才是值得深交的朋友。

如何選擇朋友

在生活中，既要廣泛交友，又要審慎選擇。如何做到這一點呢？

一、用時間來看人

看朋友是否可靠需要長期觀察，而不要在見面之初就對一個人的好壞下結論，因為太快下結論，會因你個人的好惡而發生偏差，影響你們的交往。另外，在一般情況下，初次交往時，大部分的人都會戴著假面具，這是一種有意識的行為，這些假面具有可能只為你而戴，而扮演的正是你喜歡的角色，如果你據此判斷一個人的好壞，並進而決定和他交往的程度，那就有可能失於輕率。

用時間來看人，就是在初見面後，不管你和他是「一見如故」或「話不投機」，都要保留一些空間，而且不摻雜主觀好惡的感情因素，然後冷靜地觀察對方的言行。

一般來說，人無論如何隱藏本性，終究會露出真面目的，因為戴面具是有意識的行為，久了自己也會覺得累，於是會在不知不覺中會將假面具拿下來。面具一拿下來，真性情就出現了，可那時他絕對不會想到你在一旁觀察。

用時間來看人，你的朋友，一個個都會「現出原形」，你不必主動去揭下他的假面具；他自然自己會揭下來向你呈現真面目。所謂「路遙知馬力，日久見人心」，就是指用「時間」來看人，對方是無所遁逃的。

用時間特別容易看出以下幾種人：第一、不誠懇的人，因為他不誠懇，所以會先熱後冷，先親後疏，用時間來看，可以看出這種變化；第二、說謊話的人，他們常常要用更大的謊言去圓前面所說的謊，而謊言說多久了，就會露出前後不能兼顧的破綻，而時間正是檢驗這些謊言的利器；第三、言行不一的人，這種人說的和做的是兩回事，但察看時間長了，便可發現他們的言行不一。

事實上，用時間可以看出任何類型的人，包括誠實和善良的人，小人和君子。

要用多久的時間才能看出一個人的真性情？這沒有一定的標準，完全因情況而異，也就是說，有人可能第二天就被識破，有人二、三年了卻還「雲深不知處」，讓你看不清楚。

因此與人交往，千萬別一頭熱，寧可往後退幾步，並給自己一些時間來觀察，這才是保護自己的最佳方式。

二、傾聽他人的意見

人總是要和其他人交往，同時本性也會暴露在不相干的第三者面前，也就是說，他不一定認識這第三者，可是第三者卻知道他的存在，並且觀察了他的思想和行為。

當他和別人交往、合作時，別人也會對他留下各種不同的印象。因此你可傾聽不同的人對他的為人、做事、思想的看法。每個人的答案都會有出入，這是因為個人好惡有所不同之故。

你可把這些資訊彙聚在一起，找出交集最多的地方，就可以瞭解這個人的真性情；而交集最多的地方，差不多也就是這個人性格的主要特色了，如果十個人當中有九個說他「壞」，那麼你就要小心了，如果十個人當中有九個說他「好」，那麼和他往來應該不會有問題。

傾聽也要看對象，向他的密友打聽，當然都是好話，向他的「敵人」打聽，你聽到的當然壞話較多，不過「敵人」說的比密友又較接近真相。最好能多傾聽一些人的評價，他的朋友、同事、同學、鄰居都可以，重要的是，要把聽到的資訊綜合起來看，不可只傾聽某個人的話。

三、觀察對方交往的是哪些人

人們常說「物以類聚」，意思是什麼樣的人就和什麼樣的人在一起，因為他們價值觀相近，所以才湊得起來。所以性情耿直的人跟投機取巧的人合不來，喜歡酒色財氣的人也絕對不會跟自律甚嚴的人成為好友。所以觀察一個人的交友情況，大概就可以知道這個人的性情了。

除了交友情況，也可以傾聽他在家裏的情形，看他對待父母如何，對待兄弟姐妹如何，對待鄰居又如何，如果你得到的是負面的評價，那麼這個人你就必須要小心了，因為對待至親都不好了，他怎可能對你好呢？

若對你好，絕對是另有所圖。如果他已結婚生子，那麼也可看他如何對待妻子兒女，對待妻子兒女若不好，這種人也必須提防。若你觀察的是女孩子，也可看她對待丈夫孩子的態度，這些道理都是一樣的。

朋友雙方應承擔各自的責任

朋友之間健康的關係應該是雙方都願意承擔各自的責任。通常，人們傾向於逃避責任，但是健康的人際關係，應建立在願意承擔責任而不是逃避責任的基礎上。透過承認並承擔自己的責任，他人就會被你的道德人格所折服。

然而，如果你經常為你的錯誤和失敗逃避責任，那麼，你與對方的關係就不會存在信任，你的道德人格就難以得到發展。

假如和你關係很密切的某人做了深深地傷害你的事，當你遇見這位朋友，問他為什麼要這樣做時，如果你的朋友對你說：「我傷害了你，我非常抱歉，是我錯了。」那麼，你就有了一個能與你的朋友建立關係的基礎。

在交往的過程中，如果兩個人都只為自己著想，期望他人能為自己做點什麼，而不考慮自己應該為對方做點什麼，那麼這種關係就不會順利發展，必然會矛盾重重。健康的人際關係應該是建立在利益共用、互相幫助的基礎上，而不是一方付出、一方獲得的基礎上。瞭解他人，體恤他人，這是你應該具備的能力，這樣做可以激發你對他人的愛心、同情心和理解心，而這些情感是形成每一種重要人際關係的核心。

難得知音知己

人的一生中知音知己不可多得。魯迅先生說過：「人生得一知己足矣。」作為同伴、熟人或許還可能成為知己，而這已經算是很有福氣的人了。羅曼．羅蘭有言：「人生的苦難是不能得一知己。」儘管羅曼．羅蘭的話太絕對化了，不過知己不可多得則是確實的。可見知己難求，古今同慨。

有人認為婚姻生活中，除了一小部分的重疊外，兩個人仍應保有各自獨立的生活空間。但有的人則認為婚姻中應該有更多的分享，這當然也可以，只要你們兩個人都喜歡這種相處方式。比擁有良好的合作關係更重要的是，擁有共同的理想與目標。

如果你希望在生命中擁有一位伴侶，無論是配偶或工作夥伴，首要的條件是：你們必須在共用的生活領域中，擁有共同的理想。

如果你的伴侶和你有不同的價值觀、不同的人生方向、不同的追求，那麼你們永遠無法和睦相處。儘早開誠佈公地和你的伴侶溝通，和他（她）分享你的心靈世界，一起做那些你們彼此都願意百分百投入的事情，才是最有意義的。

無論怎樣，人們渴望知音知己，年輕人更是如此，以廣結天下名士為人生樂趣。這對於瞭解資訊、成就事業都有好處。

有時候，在順利得勢的時候，人人都是你的朋友；在困難失意的時候，許多人會遠離而去。所以，只有擁有共同的理想與目標才能成為真正的知音知己。

讚美是肯定朋友的人生價值

法國一位哲學家說過：「如果你要得到仇人，就表現得比你的朋友優越；如果你要得到朋友，就要讓你的朋友表現得比你優越。」這句話是事實，因為當我們的朋友表現得比我們優越時，他們就會有一種身為重要人物的感覺；當我們表現得比他還優越時，他們就會產生一種自卑感。

當你遠遠盯著某人的背影看，雖然一言不發，而對方背後也未長眼睛，但他必定能感覺到，並且會回頭看你。

如果悄然的眼神傳遞都能使對方有所感應，心中對人的喜惡就更無法隱藏了，它會在不知不覺中流露出來。喜歡別人，也容易被別人喜歡；厭惡別人，就很難贏得別人的好感。因此，處世的最佳原則是真誠地欣賞他人的優點，對人發出善意，引發良性循環而廣結善緣。

無論你採取什麼方式指出別人的錯誤，都可能會引起不良的後果，一個蔑視的眼神，一種不滿的腔調，一個不耐煩的手勢，都有可能帶來難堪的後果。你以為他會同意你所指出的問題嗎？絕對不會！因為你否定了他的智慧和判斷力，打擊了他的榮耀和自尊心，同時還傷害了他的感情。他非但不會改變自己的看法，還會進行反擊，這時，你即使搬出所有柏拉圖或康得的邏輯也無濟於事。

你現在的成就並不完全是由你一個人造就出來的，即使你不曾正視這個問題，但不可否認一定有人曾經幫助過你。所以你不能獨享榮耀，只有相互的感激與溫暖的友誼，才能使彼此不但共用成功的果實，而且能夠相互鼓勵不斷地成長。

開始讚美你身旁的人吧！告訴他們你的感謝，讚揚他們的貢獻，並對他們所做的一切表示感謝。諾曼．文森特．皮爾博士是著名的積極思想倡導者，他

主張每日醒來便在心中灌注愉悅的思想：「想著美好的一天，感謝美好的一天，計劃美好的一天，祈禱美好的一天，創造美好的一天，帶著信心出發。」他建議我們要發自內心去喜歡別人，喜歡人們，並使他們喜歡自己，這是成功的祕訣。

雖然獲得別人的稱讚不應該成為你讚美他人的動機，但往往你得到的讚美會比你付出的更多。

當你感謝他人，大方地讚美他人，對他人的努力懷有敬意時，你其實是肯定了他們的價值，結果人們將樂意與你為伍，給你提供更多的幫助。

沒有尊重就沒有友誼

沒有尊重就沒有友誼，猶如沒有基石不可能築起大廈一樣。那麼尊重源於何方？心理學家告訴我們：尊重只有在自尊自愛的基礎上才能誕生。

做別人的朋友也意味著做自己的朋友。自尊自愛是件有益的事，人們希望自愛。懂得自愛的人往往關心自己，這是頭等重要之事。但這不是追求個人成就，不是自我陶醉，也不是自私的表現。要是我們不自愛，就會成為甘願犧牲自己的自我虐待者，或者成為沒有臉譜的泥塊——等待那些雕塑者來給我們創作。

人們是否要等到提高了自尊心之後才能交朋友？絕對不是。這樣的人也許得永遠等下去！結交那些能反映自己長處的朋友，就能增強自愛。然後這種自愛又給予我們向朋友表達愛的勇氣。

這是無限的循環往復運動，就像海浪沖上海岸又退回大海一樣。有了自尊自愛，也就懂得了尊重朋友，尤其是當你們出現意見分歧時。友情的價值就在於互相尊重對方，在於互不傷害。

雙方掩飾自己而保持一團和氣，這樣的友情對雙方都是不利的。「合而不同」，雙方都保持自己的個性，這樣才能越發相互信賴，相互尊敬，建立真正的友情。當然，在某些特殊的場合，為了幫助朋友，有時需要貶低自己以至犧牲自己，但這畢竟是在「萬一」的時刻。平時，友情的基礎應該是雙方都不歪曲自己，照自己確信的方式生活，走自己嚮往的道路，在前進的道路上保持良好的關係，這才是真正的友情。

請你不要產生同化朋友的思想，朋友不必像儀隊一樣步伐一致，甲有十分個性，乙也有十分，雙方都努力發揮自己的個性，倘若這樣還能夠使雙方的關係日益親密，這就是友情的樂趣之所在，價值之所在了。

互相尊重就是維護友情的樂趣與價值。這樣，你們的友誼大廈就可風雨不動安如山，獲得長久的生命力。交友，要嚴於律己，寬以待人。嚴於律己，就是要嚴格約束自己，做事儘量減少差錯；寬以待人，便是對人要寬厚容讓、和氣、大度。

朋友的自尊傷不得。現在，人們越來越強調個性，好勝心極強，常常把事情做「絕」。證明自己的正確或勝利才肯罷手，這就會傷了朋友間的感情。在一些小事上，你可以讓朋友「贏」你一些，高興一次，照顧照顧友人的自尊，這也是一個獲得多方面好感的機會。重視友人的自尊心，必須先抑制自己的好勝心。

有一位先生在閒暇時找朋友聯絡聯絡感情，兩人對弈。一出手，他就咄咄逼人的向朋友進攻，搞得朋友顧得了前，顧不了後，十分緊張。而且，他故意露了一個破綻，朋友發現，立即進攻，不想他使出殺手鐧，還得意地說「你死定了」。朋友臉上表情木訥。此後，這位先生再去找這個朋友，人家便一副愛

理不理的樣子，再不肯與他下棋，他卻始終不明白為什麼。

本來是一場輕鬆、愉快的友誼賽，卻搞得緊張不堪，贏了一盤棋，卻失去了一個好朋友。可見要交朋友，就要寬以待人，必須抑制好自己的好勝心。

人情是維繫友情的潤滑劑

我們常常講對朋友要真誠相待，尤其是那些沒有深交的朋友，與他們之間的情誼是要用人情來維繫的。如果和他們之間沒有人情往來，友誼就會淡薄，甚至消失。

因此，如何交友就有一個如何做人情的問題。從理論上來講，人情是人們維繫群體關係的最佳方式和人際交往的主要工具。但你以為好心都有好報，做完了人情必能換來交情，這就未免太天真了。比如說，做保人，也是天大的人情。但是，你為朋友兩肋插刀，具保開釋，而朋友卻潛逃，或是，你做出擔保後，公司倒閉，當保人的你，可就倒楣了。

當然，做人情而惹出禍事來的，只是極少數，但人情白做了，弄得雙方都不愉快的事，隨時都會發生。

甲欠了乙的人情，後來找個機會還了。在甲看來，已互不相欠，但乙則很可能認為並不等值，自己付出的多，得到的少，心理不平衡。而甲有可能認為自己還清了人情，應視為又一次的人情交往。這樣，甲、乙就可能結怨，甚至結仇。

所以，人情要做，但事前要權衡利弊，有害自己的盡可能不要做，有弊的少做。朋友的人情，不但要做，而且一定要做足。做足，包含兩個含義，一是人情要做完；二是人情要做得充分。

既然答應了人家就要做，而且不能做得勉勉強強。事成了，朋友高興，但勉強的態度又會讓他在感情上受傷害。

朋友之間常有這樣的對話：「哎呀！真是太謝謝你了。」「我們就像親兄弟一樣，別把芝麻綠豆點大的事放在心上，沒事的。」這其實就是舉重若輕，朋友找你幫忙的事，若他能處理好，也不會來找你了，所以，你幫上忙了，也不能以此自誇。若不放在心上，會讓朋友更加器重和感激你。

舉重若輕，你還要自己送「貨」上門，把人情送給正需要你幫助的朋友，說不定，你會讓他萬分感動，涕淚滂沱。

舉重若輕，就是你要想友之所想，急友之所急，在他最困難、最需要幫助的時候，你的出現對他來說，就彷彿暗夜裏的一道光芒，讓他難以忘卻。

舉重若輕，還有一個意思，就是你欠了朋友的人情，還的時候，要還足，甚至要多還。你的人情大於他的，他就得記著新的人情，朋友之間的帳，永遠也算不清，從某種意義上來講，這種算不清的帳，無疑成了與朋友之間聯繫的一個關鍵點。

就彷彿朋友來拜訪你時帶了份禮物，改天回訪時你也要帶一份份量比朋友的重的禮品。這樣來來往往，朋友之間的聯繫才會越來越密切。

人情不可輕用

做人情，就好像你往銀行裏存款，存的越多，存的時間越久，紅利就越多。你送朋友一個人情，朋友便欠了你一個人情，他肯定會回報的，因為這是人之常情。

有人會覺得，這樣一往一來，彷彿是商品交易，其實不儘然。人情的償還，不是買賣交易，銀貨兩訖。人情的償還必須要有機會。等待機會即是等於無限期。對你來說，你可以不給朋友機會，且讓他的回報無期限下去，這樣一來紅利必相當可觀。

要想得到可觀的紅利，必須學會不誇張，不張揚，而且不要把簡單的說成複雜的，小事說成大事，生怕人家忘了似的。

比如有一個人，他幫朋友解決了一個難題。以後，他每次碰到這位朋友，聊著聊著就到了這個話題上，且都得說上一兩個小情節，以證明他的本事有多大，久而久之，這位朋友見了他就會遠遠地躲開。這叫賠了夫人又折兵，人情送足了，卻因人情的善後問題而功虧一潰。沒有朋友會因為你不說，就忘記你的人情，多說反倒無益。

張揚的原因不外乎兩個，一是嘴巴不嚴，不知不覺，下意識地就說出來了；二是炫耀心態，為了在別的朋友面前顯示自己的本事。看似自己很能幹，但這麼做的後果會是，一、得罪了請你幫忙的朋友，他會覺得你是在眾人面前貶低他，讓他出糗；二、是你會讓聽的朋友討厭，人家會想：這朋友怎麼這樣，以後我可不敢請他幫忙，說不定將來也會說出去。

若想紅利可觀，還有一點該掌握，那就是不輕易使用，不給對方機會，讓他一直記掛在心上，久而久之，就像陳年老酒一樣，越陳越醇，回味無窮。

同時，自己要儘量少欠人情債，就要做到以下幾點：避免人情債，要有自知之明。自己應該是最瞭解自己的，能吃幾碗飯，能做多少事，千萬別逞強，說不定你還會將事情搞砸，幫不了忙，要老實地說，沒什麼不好意思的。有些人就是不自量力，事情沒幫上忙不說，居然還上了人家的當。幫不上忙的事就說幫不上，朋友之所以來找你，就因為他也處理不來，別因為你幫不上友人的忙而不好受，與其搞砸了一件事，還不如讓友人另請高明。

避免人情債，還要學會自省，孔子說：「吾日三省吾身。」對朋友也是一樣，一個階段過後，你要反思一下，你做的事是否合理，要幫朋友辦的事做了沒有，答應了的承諾是否忘了，欠朋友的人情是否還了。

不自省，就會忽略了朋友，忽略朋友是件很危險的事情，人家會以為你不重視他。

有一個人他結婚的時候，忘了給一位朋友送請柬，等到他再碰到這位朋友時，跟朋友熱情的打招呼，他總覺得朋友對他有些不對勁的地方，他很納悶，回去後仔細一想，才恍然大悟，於是趕快帶上禮物，跟新婚的太太，到朋友家拜訪，這才前嫌盡釋。

每人都會認為自己很重要，所以，也會認為在朋友心目中亦很重要，在這種自我優先論的支配下，忽略了朋友，朋友會想是不是對自己有成見了。所以，為了避免友情遺漏，要習慣定期的自省，要和遺忘相對抗，將有關事宜做一個記錄，以提醒自己。

人情，既是人之常情，又是人之感情。進而言之，有情與無情，簡直就是人與非人的分水嶺。不通人情，便不是人，不懂人情也不是人。所謂不通，就是不能與他人做感情交流，不能透過感情的交流來建立良好的人際關係。這樣，如何和朋友相處呢？

友誼要「適度」

好朋友見面和交往的機會當然會比其他人還要多，可是任何事都有個「分寸」，超越這個界線你得到的就是相反的結果。

小王與小張是同一宿舍的好友，他們也是因為住在一起才成為朋友的，他們戲稱宿舍是他們共有的家庭，所有的東西都不會藏私，甚至連薪資也是共用的，他們兩人為這種關係感到驕傲，在別人的眼裏所流露來的也是羨慕的目光。

不久，小張有了女朋友，經常出去逛逛百貨公司，吃吃飯，於是兩人的共有經濟出現了危機。事有碰巧，一天小王的母親生病了，當小王回宿舍拿錢時，面對的是空空的抽屜，小王不由得問小張，「錢花到哪兒去了，薪水才剛發下三天。」小張說：「幫女友買了條項鏈。」小王無言地離開了。他在別人那裏借了錢給母親看病。此後，兩人的友誼出現了裂痕，有一天，兩人提及此事，吵了一架，不得已分手了。

交往過密還表現在另一個很重要的問題，佔用朋友的時間過長，把朋友看得緊緊的，使朋友心裏不能輕鬆、愉快。

小琳把小莉看成是比一日三餐還重要的朋友，兩人在同一家公司工作，由於公司的工作紀律非常嚴格，交談機會很少，但他們總能找到空閒的時間聊上幾句。

下班回到家，小琳的第一個任務就是打電話給小莉，每次一聊起來總聊到忘了吃飯、睡覺的地步。星期天，小琳總有理由把小莉叫出來，陪她去買書、購物、逛公園。小莉常常都是勉強同意。但小琳可不在乎這些，每次都是興高采烈的，不玩上一整天是不回家的。

小莉是個有上進心的女孩，她想在事業上有所發展，所以就悄悄地利用下班休息時間學習電腦。星期天，小莉剛背起書包要出門，小琳又打來電話要她

陪自己去百貨公司拿衣服，小莉解釋了大半天，小琳才同意她去上電腦課。可是當小莉趕到補習班時，已經遲到了十五分鐘了，小莉心裏十分的不愉快。

第二個星期天，小琳說有人幫她介紹了一個男朋友，纏著小莉一起去，小莉說：「不行，我得去上課。」小琳怕小莉偷偷溜走，一大早就趕到小莉家死纏硬磨，最終小莉沒能去上課。後來小莉實在無法忍受，便鄭重聲明，以後星期天都要去補習，不再參加小琳的各種活動。

小琳一如既往，滿不在乎，她認為好朋友就應該天天在一起。有時星期天照樣來找小莉，小莉為此躲到親戚家去住。這下小琳可不高興了，她認為小莉有意疏遠她。小琳說：「我很傷心，她是我生活中最重要的人，可是她一點也覺察不到。」

小琳的錯誤在於，首先是她沒有覺察到朋友的感覺和想法，過密的交往到幾乎剝奪了小莉的自由，使小莉的心情煩躁，無法合理地安排自己的生活。

如果小琳能主動與小莉保持一些距離，可能她會驚奇地發現，她們的友誼反而更加深厚。所以維持朋友間親密關係的最好辦法是往來有節，互不干涉。

因此，好朋友之間也應該講究適度，恪守交友之道。以下幾點供你參考：

一、切忌一意孤行，不聽人勸。是朋友就要同舟共濟，對朋友的好意之計應認真考慮，妥當採納。如果你無視這一點，每遇一事，便一意孤行，無視朋友之見，依舊我行我素，結果自己吃虧，朋友受累。這必定使朋友感到失望，認為你太固持己見，不把朋友放在眼裏，日後朋友便會漸漸疏遠你。所以你在遇事做決策時，應多聽並尊重朋友意見，理解朋友的好心。

二、切忌過度表現，言談不慎。也許你與朋友之間無話不談，也許你的才學、相貌、家庭、前途等令人羨慕，高出你朋友一截，這使你不分場合，尤其與朋友在一起時，會大露鋒芒，表現自己，言談之中會流露出一種優越感。這樣會使朋友感到你在居高臨下對他說話，刻意炫耀抬高自己，朋友的自尊心便會受到挫傷，不由地產生敬而遠之的意念。所以，在與朋友交往時，要控制情緒，保持理智，態度謙遜，虛懷若谷，把自己放在與他人平等的地位，注意時時想到尊重對方。

三、切忌彼此不分，違背契約。朋友之間最容易出現的問題就是對朋友的

物品處理不慎，常常是「朋友間何分彼此」，對朋友之物，未經許可便擅自拿用，不加愛惜，有時遲還或不還。長此以往，一次次礙於情面，不好意思指責，久而久之朋友便會認為你過於放肆，產生防範心理。實際上，朋友之間除了友情，還有一種奧妙的契約關係，以實物而言，你和朋友之物都可隨時借用，這是超出一般人關係之處。然而你與朋友彼此之間要有一個觀念：「這是朋友之物，更當加倍珍惜。」

四、不隨便反悔，不守約定。你也許不是很看重朋友之間的某些約定，對於跟朋友們約定見面的時間總是姍姍來遲，對於朋友之托當時爽快應承，過後又中途變卦。也許你真的是有事情耽誤了一次聚會或沒完成朋友相托之事，也許你事後輕描淡寫解釋一二，認為朋友之間應當相互諒解寬容，區區小事何足掛齒。孰不知朋友會因你失約而心急火燎，掃興而去。雖然他們不會指責，但必定會認為你在輕視朋友的友情，是在逢場作戲，是反覆無常。所以，對朋友之約或之托，一定要慎重對待，切不可言而無信。

五、切勿用語尖刻，亂尋開心。有時你在大庭廣眾之下，為了炫耀自己的能言善辯，或為嘩眾取寵逗人一笑，或為表示與朋友之「親密」，亂用尖刻詞語以博人大笑，獲取一時之快意，竟不知這樣做會大傷和氣，使朋友感到人格受辱，認為你變得如此可憎可惡，後悔與你交往。也許你仍不以為然，還會說朋友之間開個玩笑何必太認真，殊不知你已先損傷了朋友之情。所以，朋友相處，尤其在眾人面前，應和藹相待，互慕互尊互敬。

不可控制和依賴朋友

朋友之間也存在著某種意義的控制或依賴，這些是不屬於友誼的範疇，只不過是習慣罷了。但它卻影響著你與朋友之間的關係。如果你擺出控制者或依賴者的姿態，你就無法體會到友誼的真正含義，你也不是一位真正的朋友。

健全的和不健全的友誼之間有一條細微到幾乎模糊不清的界限。所謂不健全，是指雙方的關係不平衡，一方總是依賴著另一方，唯他（她）是從，一方總是想控制另一方，一切以自己的意願行事。

過分的依賴會傷害你和朋友之間的關係。朋友並非父母，他們沒有責任指導和保護你的義務，他們能給你支持，但不可能包辦代替，你必須清楚的知道，他只不過是朋友而已。

你自己不能做決定，缺乏主見，就會使你受到朋友正確或錯誤的意見的影響。為此，你應該立刻決定，擺脫對朋友的依賴。

有些人總是盛氣凌人，在與朋友的交往中，總喜歡指使別人，不管朋友的想法如何，都要求朋友必須按照自己的意願去做。這種做法無疑為友誼的發展埋下了禍根。

如果你想對朋友說，「你應該」、「你不應該」、「你最好」、「你必須」，那麼你無疑是想控制朋友的生活，這種做法，會使朋友感到很不愉快。

如果你是被控制的，不要認為有人為你操心一切是再好不過的了。會控制你的朋友不是知心的朋友，你和朋友之間就會變得不平等。同樣，過於依賴朋友，會逐漸使你喪失積極的生活能力。

好友借錢怎麼回應

朋友間相互借錢是常有的事。但當好友來向你借錢，而你又不想借，該怎樣回應呢？

一、不必聽對方的解釋

向別人伸手借錢，一定有他的理由，這無疑是把自己的拮据赤裸裸的展現在好友面前，個中原委不用問就明白了。而且聽對方仔細說明原委後就不好拒絕。因此，不能聽對方的解釋。

「開玩笑，我哪有錢呀？」千萬不可用這種玩笑似的語氣，因為朋友的態度是認真的。

但是，如果為了不傷及朋友的自尊，而安慰地說：「哎喲，要是我能幫上忙的話……」這種曖昧不明的話也不太適當。假如聽了對方的困難之後，再要說「不」，就不容易說出口了。「讓我說出原因，又說沒錢，簡直欺人太甚！」對方一定會怒氣沖天地這麼想。

二、從一開始就明白地拒絕

只要是關於金錢的事，拒絕時最好一開始就把態度表白清楚。

「真對不起，平常受您的照顧，真覺得過意不去，但關於借錢的事，我實在無能為力。」

一開始就明白地表示沒辦法幫忙。如果有必要的話，可以說明自己因何無法借錢給他。同時，聽對方訴苦也沒關係。

只要是有關借錢的問題，在任何一種情況下，總會有不太滿意的結果。所以，借錢這件事要特別謹慎處理。但是，若已經聽完對方的訴苦，應該誠懇地和對方好好地商量對策。

該拒絕，別遲疑

誠然，幫助朋友是重要的。尤其是主動地和心甘情願地幫助需要你幫助的朋友。但是，如果你是被某種心理上的壓力所迫，對所有的一切都點頭答應，實際上是在屈服於另一種性質的某些動機。

其實，拒絕是你的權利，也是你負責任的表現。懂得自重，就應該學會說「不」。

一、應該拒絕的四種場合

1. 當所期待的幫助是欠考慮和不合適的時候。假如朋友想請你開車送他到一百三十公里外，以便趕上夜裏的飛機，那麼他肯定有其他交通工具可以選擇，你完全有權利認為這一要求欠考慮，可以拒絕。相反，如果他是接到緊急通知奔赴病危母親的床前，那麼，你一定要主動提出直接送他到醫院。

2.當有人想干擾歪曲你的某種信念時。你永遠不要認為有義務為他人說謊，不想做違背良心的事，就要敢於說「不」。

3.當朋友提出讓你代替他完成某種義務時。比如，對朋友父母的關心，應該是他應盡的義務，你不能代替。

4.當你仔細地權衡利弊後認為需要表明某種態度時。住在很遠的父母希望你帶著全家到他們那裏去過春節，而你的朋友卻希望你留下幫他談成一筆可以賺大錢的買賣，在這種情況下你可以拒絕朋友的要求，也算不上自私。

二、拒絕的方式

1.立即答覆，不要使對方存有不現實的希望。要打消為避免直接拒絕而尋找脫身之計的念頭。請不要說：「我再想想看」，或「我看看到時候行不行」，等等。而應明確地告訴對方：「實在很抱歉，實在幫不上忙。」

2.不要以為每次都有必要說明理由。很多時候，你的拒絕會比朋友提出的

要求更明確有力。比如，朋友在家庭生活中節外生枝，讓你幫忙監視他的妻子。你就可以說：「不，如果你連你的妻子都不信任了，你還會相信你的朋友嗎？」

君子之交淡如水

人除了物質，還有意識，吃飽喝足，就會去想事情，而這些事情，一個人「獨吞」是很難受的，必須找人來一吐為快。無論是你的情感隱私，還是遭遇，憋在心裏，時間久了，便會如鯁在喉，不吐不快。

君子之交，是為了心靈的溝通，它最不具有功和利的目的性。而它對人的影響之深也讓人感歎。最重要的原因是在於君子之交強調的是「淡、簡、文」，甚至「木訥」。

君子之交淡如水，是莊子的名言。與《中庸》上的「君子之道，淡而不厭」，是同樣的道理。君子的交友之道，如淡淡的流水，長流不息，源遠流長。有人將交友比做花香，說：「友誼就像花香，越淡就越持久」，與古人有異曲同工之妙。

交友也講中庸，除了「淡而不厭」外，還要「簡而文」，「溫而理」，簡略卻文雅，溫和且合情理。

交朋友，不能以自我為中心，讓朋友圍繞著你的愛好轉，讓你和朋友的世界都是你的色彩，也不能因自我感覺良好，就取笑朋友的愛好、興趣。「和而不同」，尊重自己，尊重朋友，你不必跟在朋友的後面，亦步亦趨，但也不能強迫人意，使人同己。客觀、冷靜、明智，才不會舉措失當。

君子之交，是一種心靈、精神的溝通，要崇尚自然，不是刻意地為交友而交友。君子之交，就是要去除功利的目的，保持一種淡雅的感覺。

待友切忌「善察」

善察的本身其實並沒有錯，但錯就錯在善察之後，不懂得怎樣待友。人們往往能夠將別人的缺點看得一清二楚，卻忽視自己的缺點。看清朋友的缺點並不是壞事，若能分別對待，是有益而無害的。「不責小人過，不發人隱私，不念人舊惡。」

不責小人過，就是不要責難別人的輕微過錯，人非聖賢，孰能無過，只要不是原則問題不妨大而化之。「攻人之惡毋太嚴，要思其堪受。」指責別人的過錯不可太嚴厲，一定要考慮到對方能否承受。

在現實中，有的人責備朋友的過失唯恐不全，抓住別人的缺點，便當把

柄，處理起來，不講方法，只圖洩一時之憤。

現實生活中有這樣一個故事，幾個朋友同室而居，其中一個常常不打掃環境，另一個朋友就常在別人面前說那人的缺點，牢騷滿腹，久而久之，傳入那人的耳朵中，寢室中的氣氛越變越糟，兩人開始冷戰，一屋子都不得安寧。這就因小失大了。

每個人都有自己不願為人所知的東西，若是總愛打探別人的隱私，關心別人的祕密，這不僅庸俗，而且會讓人討厭，這種行為的本身就是對朋友人格的不尊重，也可能給別人惹來意外的災禍。

朋友之間，不能太過親密，親密易生侮慢之心，對於別人的隱私，他放在心裏不願與人分享，就該放下好奇心。何況自己一定也有隱私，「己所不欲，勿施於人」。

假如朋友告訴你他心中所思，你更該為其保密，他既然這麼信任你，那麼你一定要學會珍惜這份友情，對於朋友的祕密，三緘其口並非難事，就像朋友的東西寄放在你那兒，你不可以將它視為你的，想用就用。

不念人舊惡，就是說不要對朋友過去的不是耿耿於懷。人際間的矛盾，總會因時因地而轉移，事過境遷，若總把思緒放在過去的恩怨上並不是明智之舉。記住：記仇的朋友是可怕的，不知道他會在什麼時候，記起你對他犯下的錯誤，也不知道他在什麼時候，會報復你一下，以求得心理上的平衡。所以，與朋友交往，要學會忘記，忘記在一起的不快和口角之爭，下次見面還是好朋友。

此外，對於朋友在生活、工作中的習慣，給予尊重。如果說，在朋友為人處事中出現失誤，你尚可以提出批評，但是，對於生活中的個人習慣，你也挑三揀四就不是可原諒的了。每個人都有不同的習慣，不可能與你相同，尊重朋友的習慣是最起碼的要求。君子應該有容忍世俗的氣度，以及寬恕他人的雅量，絕對不可自命清高，不與任何人來往而陷於孤獨。

人往往缺乏容忍朋友缺點的雅量，其實世間並無絕對的真理，而且正邪善惡交錯，沒有什麼是絕對的。所以交朋友須有清濁並容的思想，一個人若想要創造一番事業，就必須要有恢宏的氣度，能容天下人，才能為天下人所容，交友必須有雅量容人的胸襟。

怎樣找回失去的友誼

我們會經常看到這樣的一些人，他們想恢復原來的友誼，但又不知如何是好？希望向受過傷害的朋友道個歉，又害怕對方不接受，怕沒有面子。

很多朋友互相懷著對以前美好友誼的回憶，和忐忑不安的心情走過了應該快樂的人生。破碎的友誼就有如被雨打過的花，用正確的方法培育再加以精心呵護，一樣會盛開，甚至開得更加嬌豔動人。

其實，人的感情是富有彌漫性的。如果你看一個人，只看他的優點，你就會發現他全身發光，因而敬重，樂於為伍；反之，如果只看他的缺點，你將發現這個人一身汙穢，進而鄙視，恥於合群。

遺憾的是，人們有這樣一個心理，習慣上常見到的優點，都認為這是「應當」的，而面對缺點卻耿耿於懷。因此要想重拾舊時的友誼，重新做朋友，就必須多看朋友的優點，忘掉過去恩恩怨怨的細節。

人們在渴望恢復失去的友誼同時，心中總有一點顧慮。他們往往會想：「我絕不先向他低頭，除非他先跟我打招呼。」「我不能先去他那裏，若被別人看到了，會覺得好像問題全出在我身上似的。」

如果你真正瞭解你的朋友，就應該先拋開顧慮，去創造縫合你們之間友誼的機緣。比如，在朋友生日的時候，打個祝福的電話，或送一份他喜愛的禮物。

在一本書中講述過這樣一個故事，鮑伯因為艾格尼斯對他的女友的不禮貌而斷絕了與他的往來，其實那天艾格尼斯並沒有做什麼，貪杯才是真正的禍根。

鮑伯與好友分手後，深悔自己的輕率決定，總想找個機會和朋友談一談。也許是天賜機緣，有一天晚上，鮑伯去參加酒會，艾格尼斯也應約前往，他們端著各自的酒杯，遠遠地望著，兩個人都沒有開口，鮑伯先默默地向艾格尼斯高高地舉起酒杯，並向他點了點頭，艾格尼斯也高高舉起了杯，並頑皮地眨了眨眼睛，兩個人的誤會在頃刻間消失得無影無蹤。

積極主動地向朋友問聲好，道個歉，你們失去的友誼就可能重新找回來。不要猶豫！不要吝惜！抓住機會，露出笑容，說一聲：「嗨！老朋友你好，好久不見。」

如果你不善於直接向受過你傷害的朋友說些什麼，以縫合你們的友誼，或者，擔心遭到拒絕，心懷不安，不敢向前邁出步伐，你可以請其他人幫你重新確立與朋友的友誼。

「第三者」的出現可避免你們之間的尷尬和不安。充當「第三者」的人可以是你和朋友都熟悉的人，也可以是你或他的親人或上司，只要你們都喜歡他，喜歡他的為人處事方法。當然在委託他做如此重要的事情之前，你和「第三者」要認真、坦誠地談一談，不能有所顧慮。

首先必須向他表明你希望恢復友誼的原則，由他協助你與朋友取得聯繫。

在這個過程中，最關鍵的還是你和你的朋友。

如果你不能找到合適的「第三者」來幫你，你可以出面策劃老朋友的聚會，由別人去邀請分手的朋友。在溫馨的友誼氣氛中，你們也許會同時被感動，忘記過去的一切，重新開始。

友誼的存在對於朋友雙方都是有益無害的，破碎的友誼透過間接的修補也能如當初一樣。

驅散心中的陰雲使友情更加牢固

如果在友誼破裂的過程，你是受到傷害的一方，你應該如何面對？實際上絕對的公平並不存在，如果你不能清除這種心理，你就不能以一種令人欽佩的高姿態結交傷害過你的朋友。

艾森因為好友彼得在自己的公司電腦上動了手腳，使他損失了幾十萬美元，對此艾森心中一直憤憤不平，儘管艾森委託律師將彼得關進了牢房，但他總覺得還不夠。

幾年過去了，彼得早就被保釋出來了，他覺得對不起艾森，幾次打電話向艾森道歉，艾森根本不聽，一聽是彼得的聲音，不容分說就立刻將電話掛斷。

妻子知道後，多次勸他應該寬宏大量，何況彼得是個電腦專家，對他的生意極有幫助。艾森經過深思，覺得妻子說得很有道理，可是每次拿起電話，心中就想起那件事，於是又放下電話長歎一口氣。

一個多月過去了，艾森總是處於這種矛盾之中，一會兒告誡自己應該原諒彼得，他是個電腦專家，曾經幫助過自己；一會兒又對自己說，難道你要原諒一個曾經傷害過你的人？不，不行。

後來，一位心理醫生告訴他：「你已經形成了一種心理障礙，這種障礙不僅會妨礙你與彼得的關係，也會妨礙你與他人的交往，你必須積極地清除它。」

有一天晚上，艾森終於鼓起勇氣，給彼得打電話，告訴他明天可以到辦公室見他。

第二天，他們談得很順利，艾森決定再次聘用彼得到公司工作，他對彼得說：「我相信你不會再辜負我。」

彼得走後，祕書走進來看著艾森說：「您真讓人欽佩，因為您有著像海一樣寬廣的心胸，在您身邊工作，我非常愉快。」

艾森大吃一驚，這可是意外的收穫。

把心中的陰雲驅散，贏來的不僅僅是友誼。

寬容會使你心靜似水

寬容是一種高尚的美德，一種難得的境界，懂得寬容的人，不容易發脾氣或者鬧情緒，更不會與人起衝突；懂得寬容的人，可以擁有寬廣的心胸，可以生活得自在，可以有最知心的朋友。如果把人和人之間的矛盾和問題看作是一種疾病，那麼對他人的寬容，就是最好的一劑良藥。

生活在這個世界上，免不了要和各式各樣的人打交道，也就免不了會出現衝突，產生不愉快的事。一旦遇到這種情況，如果讓衝突擴大了，那事情就有可能無法收拾，你也可能因此而失去一個朋友，導致自己多了一個敵人。最好的解決辦法就是寬容對方，雙方都主動退一步，就會化干戈為玉帛。

因爭執而引起衝突的時候，先讓自己冷靜下來換個角度想一想。每個人都有犯錯的時候，有些錯誤還是在無意間造成的，是無心的。所以換個角度想想，如果你是那個犯錯的人，你是不是希望你所「得罪」的那個人能原諒你呢？如果對方原諒你了，你的心情又是怎樣的？按照這樣的方式想一想，做到寬容對方也就不難了。

寬容是良藥，可以治癒人和人之間因衝突而帶來的傷害；寬容是橡皮擦，可以擦去人和人之間的互相傷害。懂得寬容的人不會讓憤怒傷害到自己，不會用生氣來懲罰自己，而是懂得用寬容來化解所有的爭執和衝突。

一個人即使為良好的人際關係做出了很多的努力，也無法完全避免與他人之間的衝突。因為人與人交往或多或少都會有摩擦，有摩擦就會產生或大或小或多或少的爭執。寬容是一份禮物，而且是互惠的，它可以讓付出的人感到痛苦被緩解，可以讓得到的人感到被接納的喜悅。

寬恕那些曾經得罪你的人，它會讓你的心境平和，不容易憤怒。但是如果你拒絕忘記憤怒，就無法體會到這樣的心境，一個容易憤怒的人也是最容易衰老的。寬容對方，接納對方，就是把自己解脫出來。在不少人眼裏，寬容犯錯的人就是怯懦的表現，就是向別人認輸。

抱著這樣的想法，很多人寧願任憑衝突繼續存在，讓自己活在對過去事情的陰影中，如果對方不退一步，自己寧願繼續維持痛苦的現狀也不肯改變。寬容是需要技巧的，給犯錯的人一次機會是寬容，不是縱容。

但也要記住，每個人都需要為自己的行為負責，每個人都要承擔自己所造成的後果。如果面對對方一而再、再而三的犯錯，甚至還是同樣的錯誤，或者這個錯誤觸及到的是道德的底線和法律的原則，那麼寬容就意味著縱容，是軟弱，是妥協，甚至是幫兇。這時候就需要堅持原則，因為這不是不通人情的表現。所以，寬容不應該是縱容，不是無原則的寬大，而是建立在原則上的適度寬大，必須遵循法制和道德規範以及做人的基本原則。

對於絕大多數可以知錯能改的人，寬容是應該的；而對那些屢教不改的人，則絕對不能心軟，造成縱容的後果。

「朋友資料庫」的益處

老吳的弟弟被計程車撞了，老吳慌亂之中問了身旁的一些朋友，但周遭的朋友從來沒接觸過這類事，也不知怎麼辦才好，只好建議他去找律師，他說他過去也認識幾位律師，但沒繼續聯絡，名片也早不知丟到哪裡去了。他歎了一口氣說；「人到用時方恨少呀！」

「人到用時方恨少」，不知你有沒有這種經驗，如果曾經有過，那麼就要趕緊亡羊補牢，如果沒有過，那麼也要未雨綢繆。

如何亡羊補牢、未雨綢繆呢?那就是建立一個「朋友資料庫」。

人的一生當中會認識很多朋友，有的會成為你的至交，有的會持續交往，但有的也會中斷。交朋友固然不必勉強自己和對方，但不妨採取更有彈性的做法，不投緣的也不必「拒絕往來」，而是把他們通通納入你的「朋友檔案」。

「朋友資料庫」的建立其實很簡單。

第一，把你同學的資料整理出來，並做成記錄；畢業數年後，你的同學會分散在各種不同的行業中，有的甚至已成為行業中的佼佼者，當你需要幫助時，憑著同學的關係，相信他們會給你某種程度的幫忙。

這種同學關係，還可從大學向下延伸到高中、國中、小學，如能加以掌握，這將是一筆相當大的資源。

當然，要建立起這些同學關係，你就必須要時常參加同學會，並且隨時注意同學的動態。

第二，把你周圍朋友的資料建立起來，對他們的專長也應有詳細的記錄。他們的住所、工作有變動時，也要在你的資料上修正，以免有必要時找不到人，而要有這些變動後的資料，則有賴於你平時和他們的聯繫。

同學和朋友的資料是最不能疏忽的，你還可以記下他們的生日，如果你不嫌麻煩，在他們生日時寫上一張生日賀卡，或請吃個便飯，保證你們的關係突飛猛進。這些關係若能妥善維持，就算他們一時幫不上你的忙，也會介紹他們的朋友來助你一臂之力。

第三，有一種「朋友」也是你不能忽略的，那就是在應酬場合認識，只交換名片，談不上交情的「朋友」。

這種「朋友」各種行業各種階層都會有，你不應把這些名片丟掉，應該在名片中儘量記下這個人的特徵，以備再見面時能「一眼認出」。

但最重要的是，名片帶回家，要依姓氏或專長、行業分類保存下來；你不必刻意去結交他們，但可以藉故在電話裏向他們請教一兩個專業問題，話裏自然要提一下你們碰面的場合，或你們共同的朋友，以喚起他對你的印象。

有過「請教」，他對你的印象也會深刻些。當然，這種「朋友」不可能幫你什麼大忙，因為你們沒有進一步的交情，但幫小忙，為你解決一些小問題應該不會有太大的問題。

有人用電腦建立朋友檔案，有人用筆記簿，有人則用名片簿，這些方法各有優點，但不管用什麼方法，必須記住的是：每個朋友都對你有用處；每個朋友都不可以放棄；每個朋友都要保持一定的聯繫。

兄弟姐妹之間情同手足

一個家庭能否愉快和幸福，兄弟姐妹間的關係佔據著舉足輕重的地位。兄弟姐妹間互相體貼關心，互相幫助，長愛幼、幼尊長，發生爭執時互諒互讓，生活在這樣的家庭環境中，必然覺得心情舒暢，十分幸福。

然而，兄弟姐妹天天相處，出現衝突和矛盾是難免的。如何才能避免將小事鬧大，不傷手足之間的感情呢？這就需要瞭解手足之間的相處之道。

一、互相友愛

友就是和善相處，愛就是親厚相待。兄弟姐妹能友愛，必定能使父母歡心，這也是孝順父母的方式之一。

一個人要能和別人互助合作，就要從兄弟姐妹之間的友愛做起。如果不能兄友弟恭，哪能長幼有序，敦親睦鄰，為人友善呢？假如兄弟姐妹不能互相友愛，弟妹對兄姊不和順，兄姊對弟妹不友愛，輕則形同陌路，重則兄弟鬩牆，同室操戈。

二、要相互禮讓

兄弟姐妹之間，應該見利不爭，見害不避。我們時常會看到兄弟姐妹小時候就相爭不讓，長大以後，為爭家產，對簿公堂，甚至手足相殘，令人扼腕歎息！

三、要相互幫助

兄弟姐妹雖然是同父同母所生，但在智力體力方面，仍有所差異，在未來的成就上也有所不同。有的富貴，有的貧賤，總須互相幫助與扶持。朱柏廬《治家格言》說：「見弟叔侄，須分多潤寡」，就是這個意思。兄弟姐妹能互相幫助，就能互相合作，所以俗話說：「兄弟同心，其利斷金。」

四、相互勸善規過，進德修業

兄弟姐妹間的手足之情，相互影響很大，凡事最好相互商量，最易合作共事。但不可狼狽為奸，互陷於不義。當手足間有人做錯事時，要勸善規過，切不可同流合污。

同時，兄弟姐妹相處時，還要注意一些準則，如：尊重各自的隱私；在感情上予以支持；願意當其參謀；贈送生日禮物；不要妒忌；願意聽取和徵求意見；相互信任；不要干涉各自的社會關係；共同分享成功的喜悅；維護其利益，即使他不在；不要自充對方的庇護者。

在兄弟姐妹關係中，扮演兄弟姐妹等不同角色的人，在與其他同胞相處時，要注意的地方各不相同。

在一個家庭裏，哥哥或姐姐是僅次於父母的重要人物。一個家庭和睦與否，與哥哥姐姐的為人有很大的關係。

在家庭裏，兄姐應愛護弟妹，關心弟妹們的思想、學習和生活。由於年齡相近，弟妹們往往樂意找兄姐交談，這時候，兄姐就應該耐心懇切地幫助他們，解答和解決他們遇到的各種問題，切不可流露出不耐煩或不屑回答的樣子，切忌急躁、粗暴、敷衍了事。因為這種態度，會讓弟弟妹妹們傷心，會讓他們以後不再求救於你，對你敬而遠之。

當弟弟妹妹有了錯誤時，不要在父母面前斥責他們，以免傷害他們的自尊心，更不要經常在父母面前「告狀」，而引起他們的反感。當弟弟妹妹隨著年齡的增長進入戀愛階段時，哥哥姐姐們應關心他們的生理和心理的變化，促使他們身心健康成長，並經常為他們在怎樣選擇戀愛對象等問題上，提供一些中肯的意見。在這方面，哥哥姐姐的勸告往往較容易為他們所接受。

哥哥姐姐本身談戀愛時，如果弟弟妹妹還小，應注意不要在他們面前經常談論起戀愛問題，更不能在他們面前做出親昵的動作，如依偎擁抱、耳鬢廝磨、摟腰接吻，甚至做出更加令人不堪入目的舉動。這些會給年幼的弟弟妹妹留下不好的印象，因為他們可能會模仿你，從而造成不良影響。

當哥哥姐姐成家時，在結婚儀式（包括嫁妝）上要掌握分寸，簡單隆重，不要鋪張，以便他們日後仿效。成家後如果與弟弟妹妹們生活在一起，要與他們及他們的另一半維持良好的關係，如發生衝突，一般以當「和事佬」為宜，切不可偏聽、偏信、偏袒任何一方，以免使衝突加深。如果與弟妹們分開住，則須經常回來聚一聚、聊一聊聯絡感情，在經濟條件許可的情況下，給弟妹們買點穿的、用的，這樣做可以使相互之間的感情更接近。

對於弟弟妹妹來說，很重要的一點是要尊敬哥哥姐姐。不能有先入為主的觀念，覺得「我比你小，你應該讓我」。有問題，有事情時，除了告訴父母之外，可多與哥哥姐姐商量，如果與兄長發生爭吵，不要利用自己的得寵地位，到父母面前去「告狀」，以免加深兄弟姐妹間的隔閡。

另外，在兄弟姐妹間如果有領養來的或非同胞親生的更須注意團結友愛，對非親生的兄弟姐妹，要給予更多的關心與照顧；千萬不能歧視或冷落他們，以免增添他們心靈的創傷。

心理學家認為兄妹間的相處和姐弟間的相處，在所有手足關係中最為和諧、親密，是有一定道理的。在女孩的心目中，哥哥和爸爸一樣，是力量和智慧的象徵。

但與爸爸相比，她們有更多的時間是和哥哥相處在一起，哥哥由於年齡的差距也非常愛護、照顧妹妹，妹妹在哥哥那裏總能得到保護和滿足，所以有一種說不出的安全感，因而形成了良好的人格特徵。而且這種兄妹關係會一直持續、乃至終生不改，哪怕妹妹早已成家為人母親。姐弟情深就更為普遍了。

在兄弟相處中，兒時是整日不得閒的打鬧、玩耍，成年後則是穩重老練的把酒言歡、交換看法，哥哥通常是以夥伴的身份與弟弟在一起，對弟弟缺少細緻入微的關心，姐弟交往則很好地彌補了這一不足。

姐姐通常能想到連弟弟自己都不曾在意的種種大事小情，給予一種類似母愛般的關照，總是讓弟弟處於一種被關心之中，這對弟弟的人格完善和情感發展都有不可磨滅的作用。

兄弟姐妹相繼長大成人後，會出現一些新的問題、新的衝突，要本著相互謙讓的精神，妥善解決。

贍養父母是子女應盡的義務。當父母喪失就業工作能力，沒有經濟來源或收入不能維持生活時，子女們應義務提供父母贍養費。

兄弟姐妹各提供多少，要根據各自的經濟收入而定，不要強求一律。收入

高的可以多提供一些，收入低的可以少負擔一點，具體的數字要相互協商，負擔少的隨著經濟收入的變化酌情增加，各人負擔多少不要斤斤計較。

與父母同住在一起的，可能得益多些（盡的義務也多些），沒住在一起的也不要眼紅。父母若有偏愛，資助子女有厚薄，要想開些，立足於自力更生過日子，不要去眼紅別人。總之，兄弟姐妹間要把錢看得輕一些，把情看得重一點，畢竟是血濃於水。

在父母親病故而需處理遺產時，兄弟姐妹應互諒互讓，不要為芝麻綠豆大的事而起爭執，更不能因幾句口角就掀起軒然大波，使辛辛苦苦建立起來的感情毀於一旦。一定要學會善於克制自己，再不順心，也不能出口傷人，要知道：「惡語傷人六月寒」，看見別人正在氣頭上，就回避一下以免直接衝突，要協商解決。假如父母生前比較富裕，兄弟姐妹絕不要為了爭奪財產而明爭暗鬥。

姐妹不要依仗父母生前的寵愛，把娘家的東西大包小包往夫家搬，兄弟也不要以為自己是「繼承人」，而理所當然地獨佔財產。

處理遺產重要的是，一、要遵照父母的遺囑，二、要根據各人目前的經濟狀況，三、要兼顧以往各人對父母所盡義務的多少。千萬不可因貪錢財而影響兄弟姐妹間的情誼。

當兄弟姐妹相繼長大成家後，要經常相互往來，逢年過節除應買點父母喜歡吃的東西或禮物，回老家探望父母親外，還應到兄弟姐妹家看看，以便聯絡感情。當誰有困難時，大家要盡力相助，當誰身體不適時，大家也須前去探望，節假日可以相互邀請，團聚敘談，在生日時，也可前去祝賀；如果兄弟姐妹中有人遠嫁他鄉，應經常通通電話或書信往來，保持經常性的接觸，使手足之情長久地保持下去。

總之，兄弟姐妹「本是同根生」，其他任何關係也無法代替。切不要因爭一時之氣，或為了身外之物而破壞了手足之情。在處世關係中，兄弟姐妹關係是最真誠而持久的，是親密和友情的象徵。

善待窮親戚

親戚間應該互相尊重，平等對待，一視同仁，尤其應多尊重貧窮的親戚。親一些人，疏一些人，在有些親戚面前唯唯諾諾畢恭畢敬、低三下四，在另一些親戚面前趾高氣揚、不可一世，由此而造成一些親戚家門檻踏破，另一些親戚家則門可羅雀，這是為世人所摒棄的。

如果自己各方面條件較好些，在與親戚交往中，更應謙虛謹慎，主動交往。當親戚生活上發生困難，應盡力相助，做到「富不自貴」。

在我們現今的實際生活中，某些人與親戚來往是以貴賤貧富而定的。「貧居鬧市無人問，富在深山有遠親」，正反映了這一情況。

親戚間來往要富有人情味，如果受金錢、地位的影響，親戚關係必定會變得不正常。社會地位低、經濟收入少的親戚要自尊自重，不能為了從富有的親戚那裏得到一些好處，就一味的巴結逢迎。

親戚不論富貴貧窮，在人格上都是平等的，不能以貧富分尊卑。因此，在與富有的、有地位的親戚來往中，應當保持自己的人格尊嚴，珍重自己，生活上遇到困難，儘量靠自己的力量去克服。不應自己做賤自己，把自己擺在乞求者的位置。

而對一些富有的親戚來說，偶爾會有一些窮親戚上門來請求物質上幫助。一般說來，親戚有難處，應當熱情接待，表示出願意熱心幫助的態度，不能怠慢對方，更不應因為親戚有事相求而表現出厭惡的表情。

富親戚或者有地位的親戚應尊重別人，切忌財大氣粗、盛氣凌人。尤其在與窮親戚，社會地位較低的親戚來往中，要多尊重他們。窮親戚、社會地位較低的親戚一般比較自卑，對富親戚或是社會地位較高親戚的一舉一動都很敏感。如果言行稍有不周，便會引起他們多心。比如，與親戚交談時，要格外認

真傾聽，不能漫不經心，應付了事。絕不應自視清高，小看對方或不尊重對方。

親戚間來往，要平等相待、一視同仁。逢年過節，你來我往互相應酬，不可厚此薄彼，招待親戚都要一樣熱情。婚喪嫁娶，眾多親戚聚會，讓座敬茶，宴請吃飯，入席敬酒，先後順序要依據年齡輩分來安排，而不能以貴賤貧富來定。

能夠毫不勢利地善待窮親戚的人，才能夠在社會上真正長久受到尊重，才是長久有所作為的人。

親戚之間，無論是自己的親戚，還是配偶的親戚，都應該平等對待、一視同仁，不宜在這一方面上注意「門楣」，分「親」和「疏」。有的人對自己的父母、兄弟姐妹好，對配偶的父母、兄弟姐妹就另眼相待。

給自己的父母生活費每個月幾萬元，給妻子的父母卻只有幾千元，甚至分文不給；自己的兄弟姐妹結婚辦喜事送好幾萬禮金，甚至數十萬元；妻子的兄弟姐妹結婚則只有幾千元。這是很不妥當的。

雖然不能做到絕對平均，但也應說得過去。在親戚之間刻意的劃分「親」

和「疏」，就會造成家庭不和、親戚不滿而產生衝突、爭執，出現糾紛。

明朝嘉靖時期，有一位大臣名叫張居正，此人為官清廉，秉公辦事，在朝野中權力極大，連嘉靖皇帝也要敬他三分。張居正在家裏也是一個好丈夫、好父親，特別是在對待親戚關係上，不分親疏，深得親戚間的敬重。張居正的妻子來自一個貧苦的農家，世代務農。她聰明賢慧，在嫁給張居正後，操持家務，頗有大家風範。張居正與妻子互敬互重，舉案齊眉，對待親戚一視同仁，並不因為他們是農民，而不屑於與他們往來。

張居正的岳父病重身亡，儘管當時身為宰相的張居正公務繁忙，而且從禮法地位上說，張居正不必前往岳父家，但張居正卻沒有這樣做，他向嘉靖皇帝請了假，帶著家人趕回去，盡了孝道。這個舉動，深深感動了所有的親戚，大家都稱讚張居正不愧是人人稱頌的「好宰相」。

因此，不分「親」和「疏」，在處理親戚關係問題上將會遊刃有餘，忽視了或處理不當，那將會造成親戚之間的關係破裂或疏遠，於己、於親戚都不是一件好事情。

遇事不可斤斤計較

在人與人交往中，誰都不喜歡那種將每件事都算得清清楚楚，不讓自己吃一點虧的人，因為這種人讓別人覺得，與他交往非常累。

同樣，在與親戚來往中，有些人對親戚的要求十分苛刻，總是儘量想怎樣才對自己有好處，遇上親戚有了困難，不但不去關心和幫助，甚至避而不見，這是典型的市儈習氣，是不可取的。

親戚來往，肚量要大一些，切忌斤斤計較。你給我半斤，我給你八兩；你敬我一尺，我敬你一丈。這樣才有利於關係的密切發展。

朱德在年輕的時候，特別重視與親戚間的關係。平時他總是熱心的幫親戚解決些困難，也不計較個人得失，親戚對他的印象非常的好，彼此間的關係也相處得非常融洽。

朱德年輕時身強力壯，在每年農忙的季節裡，他總是很快地就把自家的莊稼給收完了。之後，朱德並沒有因此而停下來休息，而是跑到其他親戚的田地裏幫忙，這樣，一天下來，總累得他全身酸痛。

但到了第二天，他又拿起工具，繼續去親戚的田地裏幫收莊稼，對此，他從沒有喊過累，也沒有抱怨過。

有一次，朱德跑到一個表叔家去收莊稼，可是這個表叔是一個疑心病特別重又小心眼的人，看到朱德來幫忙，就懷疑他要趁機偷自己的莊稼，所以在朱德工作時，就不時地監視他的行動，特別是朱德要走的時侯，還要偷偷地打開朱德帶來放工具的簍子，檢查是否有拿走了東西，每當這個時候，朱德便微微一笑，然後說道：「表叔，事情做完了，我要回家了，我媽等我回家吃飯呢！」

說完，背起簍子，揮揮手走了。表叔看到這一切，慚愧地搖了搖頭。

遇事不斤斤計較，這就是朱德與親戚處好關係的最根本原因，不計報酬幫助別人，幫助別人也不聲張，好心相助，即使被懷疑了也不抱怨。朱德如此的大度，深受親戚們的贊許，也因此和親戚們相處得十分融洽。

遠親不如近鄰

俗話說「遠親不如近鄰」。的確如此，在工作單位與上司、同事接觸，回家後與鄰居、家人相處。除了屬於自己的那個溫馨的家，鄰居即成為我們最常接觸的人了。親戚之間，相連的是血緣關係，而鄰居之間交往，只能靠自己掌握合適的分寸，去掌握好關係。

有一個好鄰居，就如同自己多了一位良師益友，有了良好的鄰里關係，會讓自己受益無窮。在冰冷的鋼筋水泥建築物中，人們也不得不去重視和這種「良師益友」之間的關係。

在我們看來，掌握一定的技巧，做一些該做的事，掌握鄰里關係就會輕而

易舉。有許多人的行事原則是「各家自掃門前雪，休管他人瓦上霜」。這樣一來，既不得罪別人，也把自己的事處理得井井有條。可是，既然自己有餘力，何不多掃幾處雪呢？

人們都希望在自己困難時，有友人伸出援助的手，在鄰里之間，也是同樣的。要別人幫助自己，首先應以幫助別人為前提，這樣的相互幫助，才能讓自己的希望成為現實。

互相幫助，才能讓自己從中受益，這一點人們並不難理解，但僅僅是意識到這一點還遠遠不夠，必須將思想與行動相結合。許多事說起來非常悅耳動聽，但要結合實際去做卻不容易。

更多的時候，要讓自己成為一個有心人。有心人看見「他人瓦上霜」，會想到怎樣去做，立刻付諸於行動，才能為和諧的鄰里關係打下基礎。他人的門前雪，不僅要掃，而且要多掃。

要想擁有鄰居的信任，仍以「多」幫為妙。看到鄰居有難，理所應當伸出援助之手。在自己有餘力的時候，能夠多做時應該多做，當鄰居意識到，有幸與你為鄰，而你又是如何被信任時，要想擁有和諧的鄰居關係，並不困難。

在交往中，摩擦在所難免，遇到性情開朗的人，總會有雨過天晴的一天，但若遇到孤僻內向的人，也許就會一直耿耿於懷。鄰里之間，也難免會有口角，這時，多體諒、放寬心的處事態度則會為良好的關係起到畫龍點睛的效果。

體諒別人並不難做。在爭奪小利小惠時，難免傷了鄰居和氣，而我們更應該放寬眼光，遠望才能有更多收穫。「塞翁失馬，焉知非福？」為了有和諧的鄰里關係，更不必對小事斤斤計較，多為鄰居想一點，你會擁有更燦爛而愉快的生活。

在日常生活中，需要鄰居間互相幫助的事情很多。比如有的鄰居工作和學習很忙，時間比較緊，或家中人手少，有孩子牽絆。這時，若你要去上街買菜，不妨主動問一下鄰居是否需要買菜，可以順便幫鄰居買回來。

有的鄰居有客人來訪，而碰巧家中無人，在弄清對方身份的前提下，可以請客人留張紙條，或將客人請入自己家中稍候。

如果客人送鄰居禮物，可代為收下，等到鄰居回來時，再將紙條和禮物一併交給鄰居。如果鄰居家中有人生病，要表示慰問，並主動幫忙介紹醫生或護送住院。在必要的情況下，可主動協助看護，並且幫助照顧家裏的老人和孩子，使鄰居能安心治病。

假如鄰居因公出差，可以適當地應邀幫助照顧家裏，諸如：買便當、買水果等。鄰居若是全家出了遠門，也可幫忙看家，義務幫鄰居做好防火防盜的工作。鄰居如果發生了突發性困難，在經濟和物資方面應主動幫助，以濟鄰居一時之難。

鄰居家裏吵架，或遇到煩惱、傷心的事求助於你時，不應袖手旁觀，應主動去勸解和開導。這樣當你遇到困難時，大家也會幫助你。

在鄰居結束繁忙的一天疲憊歸來時，也許只是一兩句「下班了」、「最近很忙吧」的簡單問候就能立刻讓人倍感溫馨。

在許多時候，人們對自己很熟悉的人，並不注重禮節。其實有心人會認為適當的禮節是非常必要的。不但能使別人認為自己很有修養，而且還能在一定程度上拉近彼此之間的距離。

這樣的「禮」並非見面鞠躬等正統大禮，只須融入一點關心，誠心誠意地說上一兩句就足夠了。你會發現，這樣做有很好的效果。鄰居會認為，你很熱心待客，與你的接觸容易也自然得多，和諧的鄰里關係就不難形成了。

以信任增進鄰里感情

今天，在市場經濟的衝擊下，人們往往對別人的信任度減弱，長此以往，自然會在人們之間築起了一道高牆。

而事實上，信任別人是處理鄰里關係中，所不可缺少的重要關鍵點。通常人們總是對信任自己的人有好感，總感到和他相處很容易也很快樂，他尊重自己，認為自己可以依賴，而人們也似乎從中瞭解到自己的價值所在。

鄰里之間，想要相處得好一些，也必須要有足夠的信任度。信任並不等同於盲目信任，而是對鄰居的能力、人品等方面的信任。

每個人都有他獨特的價值所在，都有他優秀的一面，作為鄰居，要形成良好的關係網也必須信任別人。

鄰居會從你的信任中看到自己，這種良好印象的形成，已成為和諧鄰里關係的一個重要環節。

馬斯諾的需求原理中有關於對「尊重」的需求，是屬於比較高層次的需求，這證明人們都渴望被尊重，這是不可忽視的一點。鄰里之間也要有所尊重。不論你是平民百姓，還是「居高官，享厚祿」的人，都應該尊重別人，同時，尊重別人也等於是尊重自己。

在處理鄰里關係上，具體的做法是多看鄰居的長處，多尊重鄰居的意願、看法，促成和諧的關係網。

身為現代人的我們，在自己的意識中不但要有「尊重」這兩個字的概念，還要用心讓自己去做到這一點，這樣才能掌握好分寸，建立良好的人際關係。人們都有自尊心，只有當自尊心受到別人尊重時，才會以此為基礎，產生和諧的人際關係。

重要的一點是這樣的尊重必須要表現在行動上。在現實生活中，與鄰居接觸的時候不少，聚在一起聊聊家常，或互相幫助時，都可以藉此來增進彼此間的感情，只要掌握好相應的時機，表現出適當的尊重，一定會與鄰居的感情加深。

表現自己對鄰居的信任感還可以是：接受、採納鄰居的意見。與鄰居相處，自然會發生一些事，影響彼此的生活。對於鄰居正確的、有建設性的意見，我們應該持有積極的態度，分析之後看自己是否有這樣的缺點存在，並採取一定的措施改正，促進彼此間的和睦相處。這種做法才是可取的，並能增進感情。

信任是增進鄰里關係的必備條件，從思想意識到身體力行，才能輕鬆的建立真正和諧的鄰里關係。

Part 3

如何與你的主管相處

與主管保持良好的人際關係，對任何員工來説都是非常重要的，理想的上、下級關係應該以彼此間的真誠尊重、順暢溝通和關懷體諒為基礎。

與主管相處的原則

與主管保持良好的關係，有一些基本的原則是必須遵守的。

一、敬業精神

敬業精神是最常被拿來談論的老話題。從與主管關係的角度來講，當前有一部分人是嚴重的缺乏敬業精神，而同時還有一部分人是不善於表現敬業精神。我們提倡敬業，但也要會敬業，這裏有三方面可供掌握的技巧：

1. 對工作要有耐心、恒心和毅力。

2. 除了努力還要加上聰明靈活，勤勤懇懇、埋頭苦幹的敬業精神值得提倡，但必須注意工作效率，注意工作方法。

3.敬業也要能做會「說」，「說」就是讓你的頂頭上司知道或感受到你付出的努力。

二、服從第一

服從第一應該被大力提倡，善於服從、巧於服從更不應忽視。那就請掌握服從的技巧：

1.對有明顯缺陷的主管，積極配合其工作是上策。

2.當主管交代的任務確實有難度，而其他同事又畏手畏腳時，要有勇氣出來承擔，以顯示你的膽略、勇氣及能力。

3.主動報告工作進展並提出具建設性的意見，很多主管並不希望透過單純的發號施令來推動下屬開展工作。

三、關鍵地方多請示

聰明的下屬善於在關鍵處多向主管請示，徵求他的意見和看法，把主管的意志融入到工作當中。關鍵處多請示除了是下屬尊重上司的表現外，也是下屬做好工作的重要保證。何為關鍵處？即關鍵的事情、關鍵的地方、關鍵的時刻、關鍵的原因、關鍵的方式。

四、工作要有獨立性，能獨當一面

下屬工作有獨立性才能讓你的主管放心，主管才敢委以重任。適當地提出獨立的見解、做事能獨當一面、善於把同事和主管忽略的事情承擔下來，是一個好下屬必備的素質。

提高對工作的獨立性，應從以下幾方面著手：

1. 要有獨立的見解。
2. 能夠獨立地承擔一些繁重任務。
3. 把被同事忽略的事情承擔下來。

五、維護主管的尊嚴

主管的尊嚴不容侵犯，面子不容褻瀆。主管理虧時要給他留下臺階；當眾糾正主管是萬萬不可的；主管所忌諱的不要頂撞；消極地給主管保面子不如積極的給主管爭面子。

一般來講，領導者的面子在下列幾種情況，最容易受到傷害，必須多加注

意：

1.主管出現失誤或出紕漏時，最害怕馬上被下屬批評糾正。

2.主管至上的「規矩」受到侵犯。

3.有些人對主管不滿，雖不當面發洩，卻在背後亂放話，有意詆毀主管的名譽，揭主管的底，孰不知「紙包不住火」，世界上沒有不透風的牆，被主管知道後果可想而知。

4.有些主管能力不強，最怕下屬看不起自己。

與主管和諧相處的技巧

你的能力當然重要，但如果你認為僅憑這點就可以使自己升遷，那是遠遠不夠的。你的能力加上你和諧的上下級關係，才能使你踏上順利的發展之路。在其位，就要謀其政。

受雇於人，就要踏踏實實做好自己的工作。主管所希望的不僅僅是一個忠於職守的人，也希望你是一個能給予其幫助，能不斷促進其業務發展的員工。同樣那些能在本職工作上有所發展的人，通常都是主管所盡力挽留的人。

每個人都希望被人關心、被人恭維，你的主管也是人。例如，你的主管某日成交了一筆生意，你可以這麼對他說：「我想請教一下，您當時是怎麼做出

那樣準確的判斷的？」又比如，你的主管在你家庭有麻煩時，貼心的減輕你的工作量，在這種情況下，你應適時表達出你的謝意，並且對主管這種體貼的心意予以讚揚。

當然，這種贊許不僅僅是在工作、日常生活之中，從家庭到衣服的顏色，你都應該留心，都應該看出許多與眾不同而你又能誇獎的地方。在一般的情況下，最具讚揚的話莫過於把上司誇獎成一位具有高層次經營管理能力的人，這是大多數管理者夢寐以求的。當然，誇獎不是諂媚，不是肉麻的吹捧，而應發自你的內心。

下面總結了幾條協調上下級關係的方法，供你參考。

一、以請教的方式代替質疑。在提出自己的意見時，不妨採用請教的方式。例如，關於這個問題，我有點疑問，不知是否能給我一個明確的指示。這樣的表達方式，不僅保住了主管的面子，也會使主管產生優越感，接著再提出自己的意見，主管多半會仔細傾聽。

這種提出意見的方式還有一個優點，那就是不論自己的意見是優是劣，總會留給上司「這個人對公司很盡心」的印象。

二、只為「果」不為「因」。作為主管的人大多是比較忙碌的，因而心理常常會出現焦躁的狀態，同時只想快速地知道結果。因此，屬下無須將工作過程或是理由逐項的向主管報告，只要將工作結果報告即可，這樣較容易獲得主管的賞識。

三、把你留在主管的記憶裏。讓主管的記憶裏常常有你的存在，而膽怯、自卑都是不應該的。不管是什麼事，都要積極地去推銷自己，使自己的存在更為明確，一個被主管遺忘的人常常會失去升遷的機會。

四、有時候主管對員工行為的認可，不一定是真正的認可，有時主管說「不」也可能含有好幾種意思。由此，如果僅僅按照表面的意思去理解主管所講的話，可能就無法體會到他的真意。一般來講，人的話語中都含有言辭之外的暗示，它隨時間、地點和說話者身份的不同，同樣的話都會有不同的隱喻。要明白主管話中的含義，也就是要抓住他的真意。

如果你就某件事情需要請主管出面，主管卻說：「我不必去吧？」從這句話中可以聽出，如果他真的不想去，他一般會斷然地說「我不去」，但他卻在這句話中用了「不必」和語氣詞「吧」，很明顯的它含有半推半就的意味，也就是要你再說明一下，以顯示他的某種尊貴和達到他本來並不想去，是下屬非要他去不可的效果。

如何指正你的主管

當上司比你遜色時，你會怎麼做？鋒芒畢露只會讓自己陷入僵局，「得罪」上司無論從哪個角度來說都不是件好事，只要你不想調離或辭職，就不可陷入僵局。以下幾種對策供你參考。

一、擺對位置不越位

筆者在一本書中看到過這樣一個故事，二十五歲的林心芸身高一百七十公分，不僅臉蛋漂亮，還能說一口流利的英語，在跟外商談判中，她時常露臉，同事對她都贊許有加。

相比之下，她的頂頭上司部門經理陳玲就比她遜色多了。林心芸剛進公司

的時候，經理對她很親切，但在一次跟外商談業務的應酬宴會上，林心芸出盡了風頭，流利的用英語跟外商海闊天空地交談，並頻頻舉杯，充分顯示出她的高貴與美麗，竟把主管陳玲冷落到一旁。這件事過後不久，林心芸就被調到另外一個不太重要的部門。

面對不如自己的主管時，林心芸自己犯了職場上的忌諱。在公眾場合喧賓奪主，旁若無人地搶主管的鋒頭，使主管陷入尷尬的處境，主管當然不願意把這樣的下屬留在身邊，勢必會將她冷凍起來。

謙虛謹慎的態度自然會博得主管的信任和賞識，與主管一起走路時，要走在他後面；與客戶談生意時，應在適當的時候為主管提詞，比如在一個關鍵數字上主管忘記了，你要在主管停頓的瞬間及時地提「臺詞」。說不定哪一天，他會極力舉薦你任另外一個部門的經理。

二、收起你的鋒芒

蘇強應聘到公司任職不久，部門經理就對他說：「老弟，我隨時準備交班。」說心裏話，當時蘇強也是這麼想的，因為經理是自學成才的，在知識和技術上存在著先天不足。而蘇強大學畢業後，在外商公司已有五年的工作經驗，是個獨立有主見，工作能力強的人。

由於個性率直，在討論一些工作問題時，他向來直來直往，為此他常與主管發生爭執。雖然經理有時對他也有一定的暗示，但他卻不以為然。久而久之，經理便漸漸疏遠他，讓他漸漸失去施展才能的舞台。

蘇強的能力確實超過他的主管，但他不知道主管畢竟是領導者。在領導者的眼裏，下屬要永遠比他矮一截，他才會有成就感。你的能力比你的主管強，他就會坐立不安了，如果你又明目張膽地與他比高下，哪怕你是無心的，主管也會忍不住對你施加壓力。

收斂自己的鋒芒，以消除主管的戒心。比如在業務會議上，對自己的遠見卓識不要滔滔不絕的論敘，留下空間給主管做總結。當然，在平時要經常向主管請示彙報，不要擅自做主，特別是一些決策性的工作，都要讓主管先表態。

三、找出主管獨特的優點

在沒有全面認識主管的情況下，妄自對主管說三道四，顯現出不服管教的

態度，這會讓主管的威信受到影響。如果你不重視你的主管，你的主管自然也不會重視你。

不要老是把注意力放在主管不足的方面，應該嘗試去找出主管獨特的優點，因為職場比的是綜合素質，而不只是專業技能。

俗話說：「尺有所短，寸有所長。」或許主管在很多方面不如你，但畢竟也只是在某些方面而已。

你的一技之長勝過他，可是他的綜合素質卻比你強。只要你多看主管的優點，並經常把他對公司的決策思路與你自己的思路相比較，你會從中找出彼此間的差距。

此外，請不要在公開場合直接指出主管的錯誤，這只不過是逞一時之快罷了。因為，主管的面子非常重要，而且古今中外皆然。因此，請你等人群散去後，再私下找主管聊。

有好時機、找到適當的場合後，開頭的好壞也會影響著你這次表達溝通是否成功。先讓主管知道你的出發點是好的，例如「我是為了公司營運著想」或

「我非常尊敬你」之類的話，接著再以輕描淡寫的方式暗指主管的錯誤。

一般而言，聰明的主管會聽得懂暗示的，並且會感謝你的誠懇與體諒。至於有錯卻不承認，或是笨到聽不懂你的暗示的主管，你可以試著抱持著「視而不見」的心態。

如何面對發脾氣的主管

人都有脾氣，誰都有發脾氣的時候，終生不發一次脾氣的人是沒有的。其區別僅僅在於，有人脾氣大，有人脾氣小，有人是亂發脾氣，有人故意用發「脾氣」去達到一定的目的。

主管也是人，自然具有人的一切屬性，即身為主管當然也會發脾氣。就一般的情況來看，主管發脾氣往往與工作有關，即主管常常是有意無意地以發脾氣的方式來達到既定的工作目的。

發脾氣對於一般人而言是一種應該被控制的不良情緒，但對於身為主管的人而言往往代表著一定的權威，這一點可以從戰場上前線指揮官的行為態度得到驗證。不少指揮官在激戰時都是發著脾氣指揮作戰。發脾氣往往能使對方產生心理震撼。而下屬、員工的心理震撼，常常是主管希望看到的應激效果。假如，主管在指揮工作時，其指令不能對下屬產生心理震撼，往往會影響其工作效率。所以，就一般情況而論，權力越大的人其脾氣往往也就越大。當然，這裡所說的脾氣是指理智控制下的「脾氣」，超過理智界線的「脾氣」則會導致相反的效果。

員工在與主管打交道、相處時，必須正確對待和妥善處理主管發脾氣的問題。否則，要麼會使主管小看你，要麼會激化雙方的衝突，從而使一方或雙方遭受不應有的損失。對待主管發脾氣的正確態度是：只要主管不是有意侮辱人格，或故意找麻煩，你應該以忍讓為上。

特別是當員工在工作上出了差錯，主管為此而發脾氣時，你不僅應該忍耐，而且應主動表示認錯或道歉。因為，事實證明，糾正一個人錯誤的最好方法，與其和風細雨，不如適當地發點脾氣，只要掌握好分寸，後者的教育效果往往優於前者。

因此，對待主管因工作問題發脾氣的正確態度是忍耐、自我反省、總結教訓。

假如在主管發脾氣時，你認為自己受了委屈，也不應該當場頂撞和對抗，同樣應該忍耐，不同的是，你可以等主管冷靜之後再向其做解釋。當然，這是指比較重大的事情，對於一些不涉及切身利益和個人尊嚴的小事情，你則大可不必與主管斤斤計較。

值得指出的是，那些在主管對其發脾氣之後，特別是受到委屈對待時，能主動向主管表示親近的員工，將會被視為聰明、有理智的人。這不是委曲求全，而是一種良好的素質修養。此時，最愚蠢的行為，莫過於當場與主管對抗、頂撞。

當然，對於那些品質惡劣、視員工為奴隸，動輒以發脾氣來壓服下屬、員工的主管，筆者並不提倡逆來順受。具體的處理方法有三：一是「綿裏藏針」。即你可採取比較溫和的態度、強硬的措辭，向主管表示抗議，比如，你可用溫和的語氣，向主管說出一些有分量的話。二是「旁敲側擊」。即你可以採用

「借喻」、「比喻」、「暗喻」的方式，向主管表示你不同的聲音。三是「針鋒相對」。對於修養差的主管，你不必過於忍讓。「針鋒相對」往往能使對方的行為有所收斂。但是要注意的是你的立場必須是有理、有利、有節的，不可隨意擴大衝突。

與主管爭論的技巧

主管與員工之間，在一些大的、原則性的問題上，還是需要爭論的。爭論的結果，可使事情得到有效的解決，對事業、對領導者都有益處。

正確的爭論應做到以下幾點：

一、重要的是問題

前面已經說過，小的、非原則性問題的爭論，要回避，但不等於所有問題都不爭論。你明明看到主管的意見不對而不爭論，當嚴重後果發生時，主管也會說你是不行的，否則，為什麼你沒有發現和及時提醒。

二、爭論一定要有準備

主管的主張，自有他的根據，你想否定他的根據，就得有比他的根據更多、更能說明問題的根據，這就需要準備。沒準備的爭論，就會成為詭辯。沒有足夠的準備，只能放棄爭論。

三、爭論要有個和氣的開頭

切忌臨時上陣的爭論，那樣會使對方感到突然，會認為是你感情衝動的表現。比如，你可以找到主管，說：「我對某某問題有些想法，能否耽誤你一點時間和我討論一下這個問題。」

這樣，主管就會感受到問題的嚴重性和你友好的態度，對於解決整個問題會有好處的。

四、爭論要從問題出發，不是對人

切忌說「你如何如何」之類的話，更不要說對方意見的壞話，比如用「你的那個意見，純屬無稽之談」之類的語言，就會傷害對方的自尊心，也是一種不禮貌的行為。

更不要涉及問題以外的事，比如說「這是你平時不注意調查研究的結果」，或者說「你這個人就是不夠虛心」之類，都不屬於爭論範圍內的語言。

五、不要時間太長

無論爭論是否有理想結果，都不要讓過長。到一定階段，就要結束，可以說一聲「容我再想想」，把爭論結束下來。

六、要有客氣的結局

意見統一了或者還未統一，結束時，你都應向主管說一聲：「我的見解不一定對，請主管再參考參考。」

或者說：「我在討論中，若有言語上的不當，請主管多包涵。」這樣結束，對下次繼續爭論或不再爭論，都有好處。那種因意見不一致而拉下臉、甩門而去的做法，是絕對不可取的。

七、對同一個問題，不要多次爭論

意見無法一致的問題，可放在實際操作中去考驗。任何事物大都不會一開始就正確無誤，在實際操作中不斷改進，也應是被允許的。企圖意見完全一致後再行動，是天真的、不符合實際的。

爭論是工作中不可少的。展開正常的爭論是活躍民主氣氛的好方法，也是提高領導者與被領導者工作水準的好方法。有的主管在單位裏提倡爭論，這樣，你就可以多參與一些爭論。

如果領導者是一個不喜歡爭論的人，你就要少參加爭論或回避爭論。因為爭論不會讓你和主管間的關係更為和諧。

如何與副職主管相處融洽

因工作需要，在一個單位或一個部門，除了一個正職全面主持工作外，往往還配有一個或多個副職。作為下屬，不僅要服從正職的管理和調遣，還要注意學會與副職主管融洽相處。為此必須注意以下幾點。

一、尊重

人與人之間的尊重是相互平等的，你敬人一尺，人敬你一丈。尊重主管，是下屬必備的素養。

對正職主管熱情有餘，關心無微不至；對副職主管卻視同可有可無，粗心大意，最容易引起後者的反感。因此，不論是對正職還是副手，都須一視同仁。

二、服從

服從管理是制度的需要。在現代社會分工不同的情況下，做為部屬應加強思想修養，革除私心雜念，人不分身份貴賤，官不論職權大小，一律平等相待，服從副職主管要與服從正職主管相一致。因為副職是對正職負責，也是你頂頭上司正職的「代言人」。所以，對副職分管的工作也不能馬虎草率，對副職主管交辦的事要「古道熱腸」，盡力而為。少跟正職主管套交情，多與副職主管打交道，他對下屬愈是熟悉，愈是瞭解情況，他在正職主管面前或在會議上說話就會更實際，更有分量。

三、支持

副職主管與正職主管因職務上的差異，容易出現攀比心理，對下屬產生誤會。因此，要竭力支持副職主管的工作，切忌「看人下菜」。副職主管交代的事情要愉快接受，按照要求即時完成，不要推三阻四，應強調客觀。如果正職主管在這之前或之後安排了任務，則有必要分清輕重緩急，闡述原因一般是能夠得到理解和支持的。有困難辦不到的，或委託他人或解釋原因，才不致使人

產生輕看怠慢的想法。

四、理解

做為下屬，要理解副職主管的處境和難處，對自己諸如在遇到職務升遷、工作調動、經濟困難、子女求學、生病請假等實際問題時，可向副職主管提出需求，但切記：一是不要條件苛刻，二是不要急於求成，三是不能怨天尤人。不要懷疑副職主管辦事拖逕，把問題當「皮球」踢，他有一個必須向正職主管彙報的過程；不要埋怨副職主管不關心人，他的意見還要聽取正職主管的決定；不要脅天子以令諸侯，副職主管這裏行不通，就打「擦邊球」，到正職那裏「搬救兵」；更不能搖唇鼓舌，兩頭搬弄是非，西洋鏡被拆穿了，不僅於事無補，而且會使你更難處世為人。

如何與令人討厭的主管相處

「令人討厭的主管」，這裡指的並不是因為工作能力不佳而讓人討厭或困擾。在這裏單純地是指對個人的好惡而言，也許是個性不合、脾氣不好，或是你無法認同他的行為。假如你碰到了這樣的主管，在苦惱之餘，又該用什麼態度和他相處呢？

公司就是一群人以利益為前提，在提高生產力的共同目的之下所組成的團體。這並不是為了結交朋友、建立良好人際關係的場合，所以對於令你討厭的主管，你根本不用考慮要和他有什麼私人交情的牽扯。

關於工作上的溝通，有兩個重點需要注意。第一，不管是在討論、報告或會議場合，都只談和工作有關的事情，除此之外的話題絕對不多說。第二，當你和令你討厭的人面對面時，儘量提醒自己把臉部的線條放柔和。通常我們在面對不喜歡的人時，表情就會自然而然變得僵硬，很容易讓人看出你的心思。但是你所討厭的對象，有時只不過是跟你個性不合，其實可能並沒有做出什麼傷害你的事，所以碰到這種情況，最好還是忍耐一下，修正一下臉部的表情，千萬不要表現得太失禮。

總之，不論多討厭對方，都要儘量避免正面衝突。尤其當對方正好又是在公司內部掌有大權，有能力、地位的人時，更是要特別注意，不要因個人的好惡而為自己帶來不必要的麻煩。

對於自己不喜歡的主管，只要能夠維持工作上的協調，在其他方面就不會有太大的問題了。對於個性不合的人，只進行與工作有關的接觸，不但不用讓自己累積太多精神上的壓力，也可以減少衝突的產生。

不過有一類主管偏偏對人際關係的好壞非常遲鈍，即使知道別人不喜歡他，他也無所謂，只會單方面的以為「人際關係做不好的原因，一定是因為沒有和人推心置腹的談談心」，於是反而喜歡常常找別人一起去喝酒吃飯。通常碰到這種情形時，如果馬上拒絕，的確是太不懂得應對進退，最好的方法就是拿時間做藉口，告訴他：「抱歉，因為我已經和朋友約好了，所以只能留到七點。」這樣，對方只能在工作有關的話題上打轉，也就沒有機會進行深入地交談了。

與主管發生衝突和誤解時該怎麼辦

主管與下屬之間發生衝突和誤解是難免的，遇到這種情況，做為下屬該怎麼處理和主管之間的關係呢？

有些人和主管發生衝突時，便會有意無意地指責主管的多，反省自己的少，同時還缺乏對工作環境的考察和分析。

其實，一個單位工作的好壞、主管的成功與否，不光跟領導者有關，還跟被領導者和工作對象有關，可以說是領導者和被領導者相互作用所產生的結果。

和主管發生衝突誤解時，建議應當先冷靜地分析一下主管、自己和工作環境三個因素，應先考慮一下自身的因素：對本職工作喜歡嗎？個人的意向是否融合在團體的目標裏？是應付差事呢，還是積極主動地工作？是否自恃學歷高或者有什麼專長而目中無人？自己的知識、才能、技術貢獻出多少？對自己的工作效率和效果清楚嗎？

如果存在上述那些常見的問題，就應該在自己身上找原因，單純責怪「主管差勁」是片面的。

應該說，我們採取「敬」「諒」「幫」的態度對待主管，絕大多數的衝突和誤解都會得到順利的解決。因為個人情感的滿足絕不能靠衝動來獲得，而是要靠理智。為此，我們應該學會在衝突激烈時緩和衝突的藝術：在憤怒時，你把什麼看成是對你個人最重要的呢？是自己的人生大目標呢？還是更優渥的薪資，更好的福利措施？是你的理想、事業呢？還是只是為了一時出出氣？不要因為斤斤計較蠅頭小利，而忘記自己的遠大理想和追求。

即使採取了正確的態度對待主管，彼此間仍難免會產生一些衝突和誤解。當我們和主管產生衝突，並且造成衝突的主要責任在主管身上的時候，我們應該採取什麼方式加以解決呢？

一、要直言相諫，進一步地向主管講明自己的觀點和態度。

二、要「以德報怨」，即使暫時受點委屈，也能以自己的寬宏大度促使衝突趨於緩和，以至逐步解決。

三、可以吐訴衷腸，有什麼委屈，有什麼煩惱，不要悶在心裏，可以向其他主管成員或親友、師長講明情況，尋求幫助。

四、要好自為之，只要自己做得正確，就要堅持下去，不為聲色所左右。特別重要的問題，還可以越級申訴，請求更高階的主管單位幫助解決。

五、有限度地忍耐。為了維護良好的上下級關係，和諧地與主管相處，必須學會忍耐，將個人與主管之間的外在衝突，轉換成個人心理的自我調整。例如當主管主觀地批評你時，你自然感到委屈，甚至想與主管鬧翻。但你此時應該冷靜下來，要以「路遙知馬力，日久見人心」的準則來安慰自己，相信會有弄清事實的那一天，這樣你的內心就會漸漸平靜下來。但是你若採取極端的做法，暴跳如雷，大動干戈，其結果可想而知。

寬容、忍耐、克制的態度，可以使自己和主管在心理上都有一個緩衝的餘地。一方面，我們要反省自己的行為是否有不當之處；另一方面，主管也可能會反思一下自己。再者，突然而激烈的外在衝突，只會增加彼此間的反感，導致交往的裂痕，使上下級關係難以有良性的發展。當然，需要強調一下，我們所說的忍耐是有限度的，一味忍耐並非良策。

六、化誤解為理解。身為下屬，有時不經意間就得罪了某位主管，而我們卻渾然不知，等弄明白是哪位主管誤解了我們的時候，已為時晚矣。所以，我們必須要找到適當的機會，向主管做一個合情合理、明明白白的解釋，化誤解為理解。

在主管面前要表現出老練

缺乏魅力的人，是可憐的人，暗淡無光，默默無聞；富有魅力的人，是幸運的人，左右逢源，事事佔便宜，處處占上風！那麼，怎樣才能在主管面前表現出自己老練的魅力呢？

一、向主管報告工作情況時，先說結論會加強對方認定你很能幹的印象

一般而言，做主管的都相當忙碌，而且經常處於緊張的心理狀態，所以總希望快點知道結果。

這時候，做部下的就不需要把工作過程或理由說上一大堆，而應先報告工作的結論——成功或失敗，這樣才不會讓主管感覺聽不到重點。記住，那些不必要的開場白，只會使主管感到焦躁。

尤其是當工作失敗時，運用這種方法更有效。即先乾脆表明工作失敗了，然後再報告失敗的原因，這樣主管才不會把失敗的責任怪在你的頭上。因此同樣講失敗，但先說和後說，就會令對方產生截然不同的印象。

此外，在會議上也有相同的情形，拖拖拉拉地報告了一大堆，只會使參會者抱怨。但如果先說結論，就會加深別人認為你能力很強的印象。

二、計劃或提案不要百分之百完成，應保留供主管發表意見的餘地

在團隊中要擬訂計劃或提案時，需要結合大家的意見，如果把所有事項都考慮到和提案提出，會使其他人失去參與的機會，尤其會造成上司無法參與意見的局面。這時，雖然提案者會覺得很滿足，但實際上卻引起別人的反感，更有甚者還會造成扯後腿的情況。

在這種情況下，最聰明的辦法就是大家考慮之後，留下能修正的餘地，而對主管說「我們只能考慮到這些，其他的尚未決定……」便可滿足主管的優越感。之後，因為全體員工都參加了討論，所以提案容易通過，而提案者本身也

會給人一種精明能幹的印象，聲望隨之增高，會引起別人想和他親近的想法。

三、與主管共同進餐時，點菜不可猶豫不決，否則會給人一種優柔寡斷的印象

生活中大家都看到過，甚至親身經驗過這樣的場面，這就是和別人共同進餐時，有些人無法決定自己要吃什麼，或者好不容易決定要吃什麼了，結果卻來個緊急聲明：「哦！剛才點的那個不要了。」接著又盯著菜單猶豫不決。像這種情形，難免會讓在座的主管厭煩，因為這種態度會給人一種優柔寡斷的印象。

總之，對點菜這種小問題，一般而言，都不需要花太多的時間去決定。因為這種遲疑的態度，會令人聯想到你是否對其他的事情也如此猶豫不決，進而對你的辦事能力產生懷疑，亦即有了不信任的心理，這一點是最值得留意的。

如何獲得主管的青睞

獲得加薪、升遷的機會和其他工作報酬，至關重要的因素卻是你所展現的非凡的工作能力，以及你與主管的良好關係。如果這兩者你都具備了，那麼工作順心，加薪、升遷便不成問題了。怎樣才能獲得主管的青睞呢？以下六點建議可供借鑑：

一、瞭解主管所要的

首先要讓主管知道你熱切地期待他的事業成功。為此，你可以在他面前不時談論他的抱負和目標，並盡力做一切有助於其達到目標的事情。你的職責就是幫助主管實現他真正想要的。但主管想要的又是什麼呢？有時候答案很明

白，有時候你就得花點腦筋。

湯姆是一家電腦公司的銷售業務員，他很滿意自己的銷售業績，他不止一次向主管解釋，他為了說服一家小電腦商買公司產品費了好大的功夫。但主管只是點頭微笑而已，然後告訴他：「你怎麼不多考慮一下那些一次就訂三百台的大客戶呢？」湯姆恍然大悟，從此他開始把注意力從小客戶轉到大客戶身上。

二、做主管的參謀

用不著拍馬屁，你也可以在各方面顯示出你的忠誠。拉姆茲是一位負責國際市場業務副總經理的助手，有一天他接到一個任務，根據主管的指示趕做一份圖表。在製做圖表時，他注意到主管寫的「當美元走高時，出口會增長」。拉姆茲清楚這話反過來說才對，於是就改過來並告訴了老闆。主管感謝拉姆茲糾正了他的疏忽。第二天，主管的發言相當成功，更是對其工作能力讚賞有加。

三、助主管一臂之力

一家電器用品連鎖店的經理助理和經理莫尼卡一致認為，如果公司擴大營業，生意肯定會更好。在一次會議上，一位高階主管問他工作得怎樣，這位經理助理答道：「我喜歡莫尼卡的工作態度，換了其他經理，早就抱怨一大堆了。上周，我們就不得不直接在貨車上銷售電視機，要是我們有更多的場地就好了，顧客肯定會更滿意。但我們從實際出發，盡力而為。」不出幾日，公司給莫尼卡的店增加了一個門面。果不其然，小店銷售額頓時上升。莫尼卡對他的出色表現大為贊賞。

四、替主管排憂解難

要想升遷的一個重要環節，就是要時刻幫助你的上司解決棘手的難題。雷司是一所大學負責註冊工作的主管助理。主管羅傑爾所掌管的註冊系統很混亂，有許多班級的名額都超出了，可是有些班人數又太少了。雷司向羅傑爾自告奮勇，帶頭去加以改進，羅傑爾高興地答應了。結果，系統大為改觀。當羅傑爾升遷為一所聯合大學的註冊組主管時，他就提升雷司為副主管。

五、奠定良好的群眾基礎

當你升遷的希望很小時，就需要你不遺餘力地表現自己，盡可能建立眾多的聯繫，並極力推銷你業務中各個方面的優點，在同事中樹立良好的聲譽，得到同事配合和支持，從而得到上司的注意和賞識。凱特是剛從大學畢業的電腦系研究生，進入公司後發現公司裏人才濟濟，和他學歷相仿的人也不少，看來升遷的希望是很小的。於是他發揮自己在大學裏的電腦專業知識的特長，使公司生產效率一下提高了不少，並對同事在工作上的請教亦是有求必答，熱心幫助別人，在公司裏享有良好的聲譽。不久，凱特就被主管提升為業務副主管。

六、巧妙地讚揚主管

許多主管都想得到下屬的恭維，你可以在這點上使他們滿意。

向上一級主管讚揚你的頂頭上司可以得到出人意料的回報。好的恭維應該是具體，並且讓主管聽了也順耳的。卡爾是一家公司的業務主管，在一次董事會上被問及工作怎樣時，他回答道：「總管史密斯先生可是個懂管理的行家。他一直努力使公司業務繁忙，欣欣向榮，而且管理得井井有條。此外，他還很注意與職員溝通感情呢！」事後，史密斯先生對卡爾說：「真高興得知你我有一致的管理風格，現在告訴我，你有什麼困難沒有？」

培養與主管良好的關係不僅使你獲益，而且能使你踏上成功的階梯。

適當地恭維主管

讚譽之詞人人都渴求，人人都需要。在主管面前，話說得好聽，說得到位，主管便易於接受你提出的條件和要求，否則即便是一件簡單的事情，也會容易辦砸。所以，要學會對主管說讚美的話。

稱讚主管也是有方法和技巧的，如果稱讚的不恰當，反而會弄巧成拙，留下一個「溜鬚拍馬」的壞印象。稱讚一個人，當然是因為他有出色的表現，但每個人在哪一方面出色卻各有不同。有的人是專業技術佳，工作成績突出；而有的人則在社交方面有特長，有與客戶打交道的能力。因此，在稱讚主管時應針對不同的情況，給予不同方式的稱讚。

讚美的妙用隨處可見，但用錯了卻也會讓你畫虎不成反類犬。有個公司的總經理在做好公司業務的同時，結合自己的工作經驗撰寫了一本《經商之道》的書稿，部門經理這樣稱讚道：「你在這裡工作真是一個錯誤的選擇，如果你專門研究經營管理，我相信你一定會成為商務管理的專家，會有更加突出的成果問世。」

總經理聽完部門經理的一席話，不滿地說：「你的意思是說我不適合做公司的總經理，只有另謀他職了。」見總經理產生了誤解，本來想給總經理「戴高帽子」的部門經理嚇得頭冒虛汗，連忙解釋說：「不，不，不，我不是這個意思，我是說……」還是祕書過來替部門經理打了個圓場，說道：「部門經理的意思是說您是個多才多藝的人，不僅本職工作做得好，其他方面也非常出色。」

可見，同樣是稱讚一個人，稱讚一件事，不同的表達方法，其效果懸殊顯而易見。

恭維讚美不等於奉承，欣賞不等於諂媚。讚美與欣賞主管的某個特點，意味著肯定這個特點。只要是優點、是長處，對團體有利，你就可以毫無顧忌地表示你的讚美之情。主管也需要從部屬的評價中，瞭解自己的成就以及在別人心目中的地位，當受到稱讚時，他的自尊心會得到滿足，並對稱讚者產生好感。你的聰明才智需要得到賞識，但在他面前故意表現自己，則不免有做作之嫌。主管會因此認為你是一個自大狂，恃才傲慢，盛氣凌人，而在心理上覺得難以相處，彼此間缺乏工作上的默契。

虛心的接受主管的批評

有時候做事情，由於某種原因，沒有得到主管的認可，受到了主管的批評，這時候，心態應當平和。在具體的應對方式上，以下幾條供你借鑑。

一、認真對待批評

主管一般不會把批評、責訓別人當成自己的樂趣。既然批評，尤其是訓斥就容易傷和氣，那麼他在提出批評時一般是比較謹慎的，沒有人願意無故地與人翻臉。他的「責罵」從一般角度來想，一定是有一些原因的，或對或錯，都表明主管對某些和你有關的工作不滿意。因此，被責罵時應該認真對待，首先應抱著自責和檢討的心態去接受批評。

從另一個方面來講，主管一旦批評了別人，就有一個權威問題和尊嚴問題。如果你不認真對待他的批評，把訓斥當耳邊風，依然我行我素，其效果也許比當面頂撞更為糟糕。因為，那樣會讓主管的面子盡失，讓主管覺得你的眼裏沒有他。

一個合格的員工，在受到主管的責罵時，應該盡可能地保持謙遜的姿態，虛心的態度，同時眼神不可飄忽不定，要表現出對主管批評的專注來，不要讓他以為你心不在焉或是不甚服氣。

如果主管的責罵中有你所能立刻明白的教訓，最好在主管批評完後，將被指責的事項逐一複誦，並盡可能地陳述善後對策或改善方法，誠懇地請求主管給予指導。如果有機會的話，在事後也可以對主管的訓示感謝一番。

下屬如果能完全接受教訓、理解主管的「苦心」，且積極地謀求改善，還對教訓心存感激，那麼，對主管而言，是再高興不過的事了。即使你真的做錯了事情，主管也會覺得你是可以原諒的。因為在這一瞬間，讓主管深切地感受

到他的價值，並且得到指導人的成就感和滿足感。

二、切勿當面頂撞

當然，有時候在公開場合受到主管的批評指責，自己難免會覺得難堪。特別是當你覺得主管的指責沒有道理的時候，在周圍同事眾目睽睽之下，你可能會為了自己的面子，失去冷靜，反駁主管的批評，以顯示自己的無辜。這樣，一時快意的「英雄」壯舉，換取的可能僅僅是同事的一絲同情，留給主管的卻是加倍的震怒和斥責，最終受害的還是你自己。

俗話說「忍一時風平浪靜，退一步海闊天空」，把主管的一頓責罵當成是一場暴風雨，風暴過後自會平息，你又不曾損失什麼，何不審時度勢，選擇回避。一名合格的員工就是要先學會克制自己的情緒化衝動，理智地看待是非，特別是在主管面前。如果你能在主管發其威風時給足他面子，起碼能說明你大氣、大度、理智、成熟。只要主管不是存心找你的麻煩，冷靜下來後，他一定會反思，你的表現一定會給他留下深刻而難以磨滅的印象，他的心裏一定會有歉疚之情。

三、受了批評不發牢騷

欲讓主管覺得他是被信賴和尊敬的，最直接的表現是部下很願意聽他「教訓」。但是，如果你不服氣，發牢騷，那麼，這種做法所產生的負面效應將會讓你和主管的感情距離拉大，關係惡化。

事實上，主管的「責罵」也含有忠告、指示和鼓勵的意味，他的責罵其實也可以看作是對你的重視和鞭策。正因為他的眼裏有你這個員工，他才會注意到你的錯誤，希望透過指責的方式促使你進步和發展。如果下屬在面對主管的教訓時，表現出一副很不服氣的態度，私底下滿腹牢騷，不僅無法理會主管的真心真意，還會招惹主管的嫌惡，一點好處也沒有。

退一步來說，即使主管對你的批評沒有什麼附加意義，只是一次簡單的訓斥，你也可以恰當地處理，讓它成為你走進主管視線，受其關注的一次契機。這些總比由於你的牢騷，而引起主管與你的對立的結果要好得多吧！

四、保持頭腦冷靜

受到主管批評時，反覆糾纏、爭辯是沒有必要的。如果你的目的僅僅是為

了不願被批評，當然可以「寸土必爭」、「寸理不讓」。可是，一個把主管搞得筋疲力盡的人，又談何升遷呢？一名合格的員工，在遇到主管的批評時，一定要明白這一點：主管看到的只有結果，他沒必要聽你敘述如何導致那樣的結果。

或許你認為自己真的沒有必要接受批評，可以表示出遺憾的態度，但這和認錯不一樣，因為這只是一種禮貌，卻能表現出你的修養和體諒別人的風度。另外，你可找一兩次機會表白，但應點到為止。即使你的主管沒有為你「平反昭雪」，但也用不著糾纏不休，因為時間可以證明一切，努力可以改變一切。

一名聰明的員工，自己的心情不能被主管的斥責所擾亂，而應當保持彈性，經常保持冷靜，挨罵時只要理性對待，巧妙處理，反而能在某些方面促進你的進步。

五、不找藉口

被主管指出錯誤或批評時，很少有人會認為百分之百是自己的錯。比如，主管讓自己做一份估價單時，出現計算錯誤，這確實是自己的過失，可是一般人都會找很多的理由：「由於科長催得緊，所以才會出現計算出錯。」「我本來是要再檢查一次的，可是卻讓科長拿走了。」「本來就不應該讓我這個新手做這樣的工作。」出現錯誤是自己的責任，卻總想找一些理由來辯解，這只會抹殺你的工作責任心和可信度。

即使主管提的意見不正確，但考慮到對方「為了你好」的善意，也應該忍耐，並誠懇接受。善於忍耐的人往往會無往不利。

表面上忍耐，心裏反對，這仍然是不正確的。這樣一來，態度上一定會表現出來，肯定會被人討厭。

能否克制一下反駁的心理，而表示歉意地說：「實在對不起」或「我會注意的」，這將決定著以後人際關係的好壞。如果你能真誠地表示歉意，對方就會原諒你。可是，如果你對對方的提醒或批評表現出一臉的不高興或反駁對方，兩人之間就可能產生隔閡。這種諱疾忌醫的態度，對於你事業的發展只有百害而無一利。

不對主管的挑剔太計較

碰到愛挑剔的領導者是最令人頭痛的事了，這樣的領導者常常會讓人感到無所適從。比如，明明你是完全按照他的吩咐去處理一件事的，過後他又指責你辦事不妥；公函內容和打字格式是他告訴你的，等你拿給他簽字時，他又說這封信應該重打；你從事的是專業性很強的工作，可是對你專業一知半解的主管偏偏對你的能力「不放心」。

就一般情況而言，主管之所以愛挑剔，不外乎受兩種動力驅使。一種動力是長期以自我為中心形成的跋扈乖張的性格；另一種動力是由於缺乏自信而產生的壓抑下屬能力的本能。

不管怎麼說，碰到愛挑剔的主管，對下屬而言，總是不利的。那麼，該怎麼辦呢？以下幾點方法供你借鑑。

一、清楚確認主管的意思

當主管交給你一項任務時，你應該問清楚他的要求、工作性質、最後完成的期限等等，避免彼此發生誤解，應儘量符合他的要求。

二、設法獲取主管的信任

假如你的主管處處刁難你，可能是擔心你將來會取代他的位置。這時，你應該盡自己最大的努力使他安心，讓他明白你是一個忠心的下屬，你可以主動提出定時向他報告的建議，讓主管完全瞭解你的工作情況。一旦獲得他的信任後，他便不會對你提出過分的要求。

三、正視問題

不要回避問題，尊重自己的人格，不卑不亢。正視問題，嘗試與你的主管相處，針對事情而不是針對個人。例如：主管無理取鬧的時候，你應該據理力爭，抱著「錯了我承認，不是我的錯而要我承認，恕難照辦」的態度，論理而不是吵架，讓他感覺到你的思想和人格。一個言行一致、辦事有原則的人，別人自然不會小看，就算主管也不例外。

四、別太計較

不要對主管的挑剔或刁難太計較，能過得去就讓他過去。應該把自己的工作放在最重要的位置，把工作放在第一位。

如何為自己挽回不利的局面

如果是處事不利或語言不當，得罪了主管，首先應準確判斷主管是否果真是看你不順眼，但不要過於敏感。假如你不再被委派許多事務，尤其是有挑戰性的任務，或不再被邀請參加與你的職位相稱的工作會議了，這時候你和主管的關係就有待改善了。

處理這類的問題，你可以直接走到他（或她）面前說：「我不知道發生了什麼事情，您是否能解釋一下呢？」然後洗耳恭聽。當主管講完後，你再說：「現在我對情況更加瞭解了，為了掃除障礙，我想我們可以這麼辦。」

注意要把焦點放在能夠做些什麼來改善關係上，而不要去責備任何人，也

不要提到任何有關導致危機原因的話題。你還可以把下一次的任務做得特別出色，或去做沒有分配給你但你知道上司很希望辦好的事情。假如隔閡並不太深，你還可以採用另一種策略，如安排你到辦公室以外工作一段時間，在你和你的主管之間分開一段距離。這或許能融洽暫時疏遠的情感，還可以改善正在惡化的關係。

不管誰是誰非，與主管關係不和諧無論從哪個角度來說都不是件好事，只要你沒有想調單位或辭職，就不要陷入僵局，以下幾種對策可為你留有轉圜的餘地。

一、理清問題的癥結

與主管關係陷入僵局時，我們往往會向同事訴說苦衷。如果失誤在於主管，同事對此不好表態；假如是你自己造成的，他們也不忍心再說你的不是，但是有些居心不良的人會自行加油添醋後告到主管那兒，加深你與主管之間的裂痕。所以，最好的辦法是自己清醒地理清問題的癥結，找出合適的解決方式，使自己與主管間有一個良好的開始。

二、找個合適的機會溝通

消除你與主管之間的隔閡是有必要的，最好由自己主動製造機會。如果是你錯了，你就要有認錯的勇氣，向主管做解釋，表明自己會以此為鑑，希望繼續得到主管的關心。假若是主管的原因，就可以在氣氛較為輕鬆的時候，以婉轉的方式，把自己的想法與對方溝通一下，你也可以以自己的一時衝動或是方式欠周到等原因，請主管諒解，這樣既可達到相互溝通的目的，又可以替其提供一個體面的臺階下，有益於恢復你與主管之間的良好關係。

三、表示對主管的尊重

即使是開朗的主管也很注重自己的權威，都希望得到下屬的尊重，所以當你與主管發生衝突後，你不妨在一些輕鬆的場合比如餐會、聯誼活動上，向主管問個好，敬一下酒，表示你對對方的尊重，主管會記在心裏，從而淡化對你的敵意。同時，也向人們展現出你的修養和風度。當然，對某些不稱職的主管，就無所謂得罪了，必要時還是要反擊的。

Part 4

如何與下屬相處

成功的領導者，在探討問題、進行決策、與員工懇談或是在公司內的一般人際交往中，他們似乎總能保持著自己的優勢地位，總能牽動無數雙眼睛。這不僅是因為他們是領導者，更重要的是他們都對自身的形象有著良好的塑造能力。

為下屬樹立榜樣

成功的領導者，在探討問題、進行決策、與員工懇談或是在公司內的一般人際交往中，他們似乎總能保持著自己的優勢地位，總能牽動無數雙眼睛。這不僅是因為他們是領導者，更重要的是他們都對自身的形象有著良好的塑造能力。

領導者的一項最重要的行動就是樹立榜樣，樹立一個你期望其他人學習的好榜樣。榜樣非常重要，因為人們大多是透過眼睛來獲取資訊，你所說的要與榜樣一致。比如老闆規定上班時間從早上九點至下午五點，而你自己十點才露面，四點鐘就不見人影了。常常拿別人的錯誤讓大家討論，自己的錯誤卻從不提起。如果這樣還希望自己的行為能有所感染力，那只能是幻想。

試想員工在休息時間交談時，圍繞的話題都是有關你如何不修邊幅就堂而皇之地出入公司內外，你如何在與他們說話時抓耳撓腮，或是冷不防地冒出幾句粗話，這樣員工能對你產生深切的信賴與仰慕嗎？他們會與你一起為企業的前途同舟共濟嗎？你在他們心中只能是一個有其名而無其實的人物，或許是個小丑。他們為你工作的目的充其量也就是為了養家餬口。

有人將領導者比喻成公司的移動招牌，代表著企業成員的精神面貌。沒有人願意被無辜地傷害，當你的舉止言行殃及了你所代表的企業成員時，他們必然會將你列為詛咒的對象，或是對你「懼而遠之。」

在你處理人際關係時，為了創造良好的人際氛圍，就得對你自己進行一番檢視。衣著的雅緻美觀、外表整潔端莊對你來說是最好的扮相。問題的實質並不在於單純追求美觀、漂亮，而是讓你的外表來證明你對企業組織的重視與尊重，對生活在這裏的人深深的敬意。千萬不要將你借酒澆愁後的情緒帶入你的辦公室，因為這確實會讓你「愁更愁」。

當你以一種失態的態度「暴露」於眾人目光之下時，那種厭惡感會成為他們至少一周談論的話題。在社交的場合，在與員工同聚同樂的團體生活中，你的言行舉止與你的衣著一樣是你這個企業招牌能不能打響的關鍵。

在生意場上，你得體的言談、謹慎的舉止不僅會使你的商界朋友、敵人對手對你所代表的團隊萌生敬意，而且在你身旁的員工也會為他們身為你企業中的一員而深感光榮。

多參加一些團體活動，多與你的員工在一起，這對你絲毫沒有壞處。與他們真誠地相處不但會讓許多閒言碎語出現的機率減少，而且會讓你與員工的心拉得更近，友好、和諧的人際氛圍就很容易形成。要注意你的態度與語言，謙遜、隨和、適時的用一下人們自認為親密，即省略的禮貌用語，會讓你的員工為之一振。

正確對待下屬的抱怨

被下屬抱怨也許是一件很正常的事，因為一個領導者往往要領導很多下屬，不可能面面俱到，一時疏忽，就難免會招致下屬的抱怨。對於下屬的抱怨該如何處理？獲得駕馭人的卓越能力最快捷、最容易的方法之一，就是豎起耳朵傾聽他們的談話。一個成功的領導者要成為一個好的聽眾，就必須做到以下幾點。

一、有耐心

有耐心不是一件很容易的事，尤其是在你有急事要辦，可是某個人非要告訴你一些無關痛癢的事情時，更不容易耐住性子。有時候，他簡直把你逼得走投無路，你只好硬著頭皮聽，你恨不得他趕快把話說完，但每次聽完之後，你都要大大誇獎他一番，因為他們的建議正確而又合乎邏輯。當然，偶爾你也不得不聽一些廢話。但與那些好點子相比，這是微不足道的。

鍛鍊耐心傾聽的最好辦法就是不批評人，不急於下斷語，不管你怎樣忙都不能急躁。在你發表看法之前，最好是冷靜地思考一番，尤其是那些可能毀壞對方自我意識和自尊心的事情，更不能輕易下斷言。無用的批評從來都不是取得駕馭別人卓越能力的方法。在大多數情況下，忍耐是一種等待、觀察、傾聽，平心靜氣地袖手旁觀。

二、正面回答

員工對公司有抱怨、不滿，身為領導者應當充分重視，首先你要查明原因。如果員工對薪資制度有抱怨，可能是因為公司薪資在同業中整體水平偏低或某些職位薪資不盡合理。領導者要找到員工抱怨的原因，最好聽一聽他們的意見。

傾聽不但表示對投訴者的尊重，也是發現抱怨原因的最佳方法。對於員工

的抱怨，應當做出正確、清晰的回覆，切不可拐彎抹角。

三、關心別人

在你期望能獲得駕馭別人的卓越能力之前，必須學會關心別人。如果你做不到真正地關心那個人和他的個人福利，你的認真傾聽、忘掉自己或者保持耐心就都會變得沒用。關心別人是建立深厚而持久人際關係的基礎，也是獲得駕馭人的必經之路。

四、忘卻自我

如果你想取得一些成效，必須強迫你的自我讓路給別人的自我。這一點對於一向以自我為中心的大多數人來說，開始是比較困難的。對於我來說，我是一切事物的中心，世界要圍繞著我旋轉，但就你而言，你又是一切事物的中心，世界又要圍繞著你旋轉。幾乎我們所有的人都在不斷地爭取成為這個中心。

除了睡覺以外，人們把大部分的時間都花在企圖得到某種重要的社會地位上去。

但是，如果你想獲得卓越的駕馭能力，就一定不能那樣做，你必須訓練自己的意識，將強調以自己為中心的習慣向後移動一下，你必須暫時放棄想把自己放在一個眾人矚目的位置上去的想法，而要讓別人佔據一會兒那個位置。

五、傾聽各種聲音

一個人想與你說話，卻遭到你的拒絕，這就等於傷害他的感情。有人那樣對待過你嗎？若有人那樣對待過你，你就會悖離那個人，就會從那個人的身邊走開。當別人不聽你說話的時候，你的感情就可能會被深深地挫傷，但這並不是你的過錯。

當你聚精會神的聽一個人講話時，你必須把你自己的興趣放到一邊，把你自己的好惡隱藏起來，不要表現出任何偏見，至少暫時需要這樣。你要學會能夠傾聽各種不同的聲音。

在聽人講話的幾分鐘時間裏，你必須將百分之百的注意力集中到對方身上，仔細傾聽他所說的話，你必須調動起自己的全部精力和知覺聽人家講話，你能夠做到這一點，也必須做到這一點。

六、觀察下屬的變化

有時候，下屬的言談並不直敘本意，此時你就得學會聽言外之意、弦外之音了。說話者並不是每次都怎麼想就怎麼說的，因此，你不僅要觀察他說話時的聲調的變化，還要觀察他音量的變化。

你常常會發現，他的意思正好與他說的話相反。你還要多觀察他的臉部表情、儀態、姿勢以及他雙手乃至全身的動作。

做一個下屬喜歡的人

在人際交往中，我們都期望取悅於人而不使人生厭或讓人嫌棄。如何使人喜歡你是大有學問的。祕訣之一就是笑容滿面。一個發自肺腑、暖人身心的微笑，不僅常常會事半功倍，而且往往還可招財進寶。

有一位事業成功的經紀人，無論是在電梯裡或走廊中，還是在大門口或商場裏，逢人三分笑，他就像熱情的業務員那樣虔誠地與人握手，結果不僅家庭和睦，而且顧客盈門，生意興隆。所以，笑容是大自然賦予人類的一帖良藥，也是使人們交往融洽和諧的一盞綠燈。

每個人都看重自己的名字，兩個感情甚篤的老友多年未見邂逅相遇時，如

果有一個叫不出對方的姓名，則可能引起不快，甚至在對方心裡蒙上陰影。一代天驕拿破崙以前曾十有八九遺忘別人的姓名，這使他的下屬和朋友十分反感。後來他把每一個認識的人的名字全都寫在紙上，全神貫注地默記。如此一來，儘管再繁忙的公務纏身，他都能隨口叫出別人的姓名，因此得到眾人的敬佩和愛戴。

美國郵政總局局長法利能叫出至少五萬人的姓名。他每到一處都高朋滿座，而他不僅可以和許多人攀談聚餐，還能拍著某人的背膀，瞭解他的太太和子女的近況，詢問他家後院裏種植的向日葵長得如何，等等。他的笑容舉止給人留下了深刻的印象，而且贏得越來越多的崇拜者。當羅斯福競選總統時，法利每天發出幾百封親筆信，他的所有朋友都在信中受到了一番恰到好處的恭維和問候，並為羅斯福大選勝利獲得了決定性的選票數目。這就是記住別人的姓名的重要性。

對下屬來說，最擔心的就是做錯事，尤其是費了九牛二虎之力後卻依然闖了大禍，因為隨之而來的便是懲罰問題、責任問題。要記住，生活原本就會存在一連串的過失與錯誤，再仔細、再聰明的人也有陰溝翻船的時候。

大多數的主管在處理下屬乃至自己本人的失誤和錯事的時候，總是想提出各種理由為自己開脫，唯恐遭到連累，引火焚身，卻殊不知，既是他人的「上級」，那麼下屬犯錯，即等於是自己的錯，起碼是犯了監督不力的錯誤。所以，懂得如何收攬人心的主管，在下屬闖禍之後，首先會冷靜地檢討自己一番，然後將他叫來，心平氣和地分析事件過程，使其明白做錯事是要受到懲罰的。當然，更要讓他明白，無論如何，自己永遠是他們的後盾。

那種不分清紅皂白，無論下屬的過錯是否與自己有關都大發雷霆，不時強調「你要如何如何」或「我哪裡管得了那麼多」之類言語的主管，不僅使下屬不敢正視問題，不再感到絲毫內疚，而且避免不了日後與這種主管大鬧情緒，甚至永遠不可能受到下屬的擁戴。

一味埋怨下屬、推卸責任的主管，也只會令更高階級的主管反感。所以，一方面與下屬一起承認錯誤，展現出應有風度，另一方面，即使有其他的諸多是非，也應站在下屬那邊，替他人擋駕的主管，才是最有人緣的主管。

說服下屬的技巧

主管說服下屬的方法有很多種，歸納起來主要有以下幾點供你參考：

一、**適度表揚，順水推舟**。每個人的內心都有自己渴望的「評價」，希望別人能瞭解並給予讚美。身為領導者，就應適時的給予鼓勵慰勉，表揚下屬的某些能力，引導他們順水行舟，更加賣力地工作。當下屬由於非能力因素，藉口公務繁忙拒絕接受某項工作時，主管為了激發下屬的積極性和熱情從事該項工作，可以這樣說：「當然我知道你很忙，抽不開身，但這件事情非你去解決不可，我對其他人沒有信心，思前想後，覺得你才是最佳人選。」這樣一來就使對方無法拒絕，巧妙地使對方的「不」變成「是」。這一勸說技巧主要在於對對方某些固有的優點給予適度的褒獎，以使對方得到心理上的滿足，減輕挫敗時的心理困擾，使其在較為愉快的情緒中接受你的勸說。

二、設身處地，將心比心。俗話說，設身處地，將心比心，人同此心，心同此理。許多說服工作遇到困難，並不是我們沒把道理講清楚，而是由於勸說者與被勸說者固執地據守本位，不替對方著想。如果換個位置，被勸說者也許就不會「拒絕」勸說者，勸說和溝通就容易多了。

主管在勸說下屬時，尤其應注意這一點，並自覺地運用到工作中，清除無形的情緒障礙。主管應站在被勸說人的位置上瞻前顧後，同時，又把被勸者放在領導者的位子上陳說苦衷，抓住被勸說人的關注點，使他心甘情願地把砝碼加到主管這邊。

三、求同存異，縮短差距。同事之間、上下級之間或多或少都會存在「共同意識」，作為領導者，為了有效地說服同事或下屬，應該敏銳地拿捏這種共同意識，以便求同存異，縮短與被勸說對象之間的心理差距，進而達到說服的目的。

為人主管者想要說服別人，就得設法去縮短和別人之間的心理距離。而共同意識的提出，則能使強烈反對主管的人，也不再和主管意見相反了，而且會平心靜氣地聽從主管的勸說，這樣，領導者就有了解釋自己觀點，進而攻入別人之心的機會。

四、推心置腹，動之以情。古人云：感人心者，莫先乎情。主管的說服工作，在很大的程度上，可以說是以情感來征服。只有善於運用情感技巧，動之以情，以情感人，才能打動人心。感情是溝通的橋樑，要想說服別人，就必須跨越感情這座橋，才能征服別人。

主管在勸說別人時，應推心置腹，動之以情，講明利害關係，使對方感到你的勸告並不抱有任何個人目的，沒有絲毫不良企圖，而是真心真意地想幫助被勸說者，為他的切身利益著想。白居易曾寫過這樣兩句詩：「功成理定何神速，速在推心置人腹。」今雖非古，情同此理。

五、克己忍讓，以柔克剛。當下屬與自己的意見和看法相左時，做為主管的人，切忌用權力去壓制下屬。如果那樣做，也只能是千斤壓而不服的狀況，下屬的反抗會像收緊的彈簧一樣隨時擴張、爆發。而高明的方法應該是克己忍讓，對對方禮讓三分，以柔克剛，讓事實來「表白」自己。一旦主管這樣做，其高風亮節必然會激起下屬的羞愧之心，下屬會打從心底裏佩服主管的度量，在無形中便接受了規勸與說服。這種容忍的風範和「四兩撥千斤」的說服技巧常常能贏得下屬的真誠擁護與尊敬。

六、先行自責，間接服人。當你作為一個領導者，欲將某一困難的工作任務交付給同事或下屬時，明知可能不為對方接受，甚至還會引起他的非難，但此事又太重要實在非他莫屬。要說服他十分困難，你不妨在進入主題之前先說一句：「現在我要向你說這麼一句話，雖然明知你會感到不愉快！」對方聽了以後，便不好意思拒絕，因為你畢竟是主管。先行自責，就等於是在對方的手腳上加了枷鎖，使他無法拒絕你，無法拒絕你的意見，從而接受你的難題，達到間接服人的目的。

七、適加佐料，輕鬆詼諧。主管在說服別人時，不能總板著臉、皺著眉，而且，這樣子很容易引起被勸說者的反感與抵觸情緒，使說服工作陷入僵局。

在工作中，主管說服部下時，可以適當點綴些俏皮話、笑話、歇後語，從而取得良好的效果。這種加「佐料」的方法，只要使用得當，就能把抽象的道理講得清楚明白、詼諧風趣，不失為說服技巧中的神來之筆。

八、為人置梯，保人顏面。主管要改變下屬業已公開宣佈的立場，首先要做的就是盡量顧全他的面子，使對方不至於背上出爾反爾的包袱，下不了臺。假設主管與下屬一開始在沒有掌握全部事實的情況下發生了意見分歧，作為主管，為了勸服下屬，他可以這樣給下屬台階下：「當然，我完全能理解你為什麼會這樣設想，因為你那時不知道那回事。」或者說：「最初，我也是這樣想的，但後來當我瞭解到全部情況後，我才發現自己當初的想法錯了。」為人置梯，可以把被說服者從自我矛盾中解放出來，使他體面地收回先前的立場。

在實際工作中，主管最好採取單獨面談的方式，讓下屬避開公眾的壓力，使其反省。這樣，下屬定會順著你給出的梯子，走下他固執的高樓，並且還會因為你保全了他的顏面問題而對你心存感激。

批評下屬要注意方式

一、批評要因人而異

不同的人由於經歷、教育程度、性格特徵、年齡等的不同，接受批評的能力和方式也有很大的區別。

這時主管就要根據批評對象的不同特點，採取不同的批評方式。不同的人對於同樣的批評會有不同的心理反應，因為不同的人性格與修養都是有區別的。

針對不同特點的人要採用不同的批評方式，對自覺性較高者，應採用具啟發作用的自我批評法。對於思想比較敏感的人，要採用暗喻批評法。對於性格耿直的人，要採取直接批評法。對問題嚴重、影響較大的人，應採取公開批評法；對思想麻痺的人，應採用警示性批評法。在進行批評時忌諱方法單一，千篇一律，應靈活運用批評的方法。

正確的批評應細密周到，恰如其分，普遍性的問題可以當面進行批評，對於個別現象就應個別進行。別外，也可以事先與之談話，幫他提高認知，啟發他進行自我對照，使他產生「矛頭不集中於『我』」的感覺，主動在「大環境」中認錯。另外，還要避免粗俗的批評。

有時一些問題一時未釐清，涉及面大或批評者尚能知理明事，則批評的語言更要委婉含蓄。先表明自己的態度，讓下屬從語言中發現自己的錯誤。然而，也不能一概而論，對犯有嚴重錯誤的，都應做例外處理。要麼是他們改正錯誤，要麼是你不用他們。

要防止只知批評不知表揚的錯誤做法。在批評時運用表揚，可以緩和批評中的緊張氣氛。可以先表揚後批評，也可先批評後表揚。

在批評時，可運用多種方法。如：透過列舉分析歷史人物的是非，烘托其錯誤；透過列舉和分析現實中人物的是非，暗喻其錯誤；透過分析正確的事物，比較其錯誤；還可採用暗示法，用生動的形象增強對他的感染力；笑話暗示法，透過笑話，使他認識錯誤，既有幽默感，又使他不致感到尷尬；軼聞暗示法，透過軼聞趣事，使他聽批評時，受到一點影射，也易於接受。總之，透過提供多角度、多內容的比較，使人反思，從而自覺愉快地接受批評，改正錯誤，這才是我們所關心的問題。

二、批評需要一定的前提

首先，批評和接受批評的雙方應該以足夠的信任為基礎，如果無法取得對方的信任，即使所持的見解確實精闢，依然無法令對方信服。其次，批評者必須有純正的動機和建設性的意見，在進言之前需先確定自己的言行有助於對方，而且確信能發揮實際效用。有許多批評，經常以「我只是想幫助你」為由，事實上卻是為了自己。第三，你和被批評的對象之間要有足夠的關係，而且你又有足夠的時間分析自己的看法。

同時，真理並不是任何人所能壟斷或獨佔的，當我們觀察別人時，總免不了以個人有限的經驗作為衡量尺度，所以難免會失之偏頗，因此，最好的辦法就是在提出批評之前，先請教第三者，使你的言論更能切合實際。

三、時機必須適當

掌握事情發生的時效，在人們記憶猶新之時提出批評。假如你在事情發生幾個月以後才提出來，這時人們的記憶已經模糊，你的批評反而容易使對方留下「偏頗不公」的印象。

除了個人的心理狀況外，也要把對方的心理狀況考慮在內。你應該在對方事先已有心理準備，並且願意聆聽的情況下提出批評。假若對方情緒低落，那麼就等到他恢復冷靜後再說出你的看法。

掌握向下屬發佈命令的技巧和方法

命令是領導者最常使用的工作方式，它可以以文書的形式間接下達，也可以以口述的形式直接下達。「有令必行」是管理工作的通則。反之，若在執行過程中，命令被打了「折扣」，必定無法達到預期的效果。這種「折扣」，在現代管理中是常有的，或者說使命令在執行過程中走了樣，變了形，以致使工作難以有效進展。

命令不能被順利地執行，除了本身缺乏應有的能力之外，另一個更重要的原因就是上司沒有掌握發佈命令的技巧和方法。

下達命令是一種需要技巧和專長的微妙藝術。如果你想要在你所選定的領

域中獲得高度的成功，就必須知道如何透過你的命令指揮、控制別人的行為，因為你不能一味強行強迫下屬去做你讓他們做的工作，你必須學會如何運用特殊的領導方式來讓他們心甘情願地執行你的命令。

優秀的管理者都知道，給下屬發佈命令時要注意以下幾點：

一、列出重點

如果你把命令講得過於詳細和冗長，那只會製造誤解和混亂。

二、強調結果

為了達到這個目的，可採用任務式的命令，即告訴每一個人你要他做什麼和什麼時候做，而不是告訴他如何去做。「如何做」是留給他去考慮的問題。它為那些替你工作的人敞開了可以激發他們的想像力、主觀能動性和獨創性的大門。不管你的路線是什麼，這種命令的方式都會把人引導到做事的最佳道路上去。

三、深刻領會

當人們準確地知道你所需要的結果是什麼的時候，當他們準確地知道他們的工作是什麼的時候，你就可以分散權威和更有效地監督他們的工作。如果你是經營商業或工業，或者是在做銷售，當你能確保你的下屬準確地知道他們的工作任務時，至少你會享受到工作壓力減輕和更有效地監督你的下屬這兩種具體的好處。

四、內容簡潔

當你發佈使人容易明白的簡潔而清楚的命令時，在底下工作的人就會知道你想做什麼，他們也會馬上開始去做。他們沒有必要一次一次地回到你那裏，只是為了確定你說的話。

在多數情況下，一個人沒有為你做好工作的主要原因，就是他（她）沒有真正清楚明白你要做什麼。如果你希望別人分毫不差地執行你的命令，那麼命令的簡單扼要是絕對必要的。這是你必須要遵從的一個牢固的規則。

掌握了以上的四個技巧，你下達命令時便會胸有成竹。你的下屬除非故意冒犯，否則找不出任何理由不貫徹執行你的命令。

與下屬保持適當的距離

應該與下屬保持多遠的距離，的確是領導者應當注意的問題。不論怎樣，主管都不應該將自己與下屬的關係延伸到一些親密的關係之中。而且，你也不可能成為他們最親密的朋友，除非你具有一個充當顧問的職業技能，否則，你就冒著一種很大的風險。

每個人的周圍都有一種無形的界限，不可逾越，這是一種私人生活的界限，一種內部思想和感情的界限，他們不願向外人透露。但是，你應儘量使自己與員工具有某些相同的興趣。

在日常工作中，你往往容易受那些你喜歡的人的吸引。同樣地，那些喜歡你的人也容易受到你的吸引。我們在工作中與那些喜歡的人在一起花的時間比較多，相互之間瞭解得也較多，這種瞭解也將我們之間的距離拉得更近。所以，你要經常提醒自己，防止自己陷入一種情感的困擾之中。

時常提醒自己，不要自欺欺人地以為自己花許多時間與某些下屬在一起，完全是出於工作的需要，絕不帶有個人的喜好。當你靠近個人情感的界線時，應仔細考慮一下後果。一旦逾越，事情就可能變得無法控制。

與下屬在工作中走得太近，還會有其他的危險。一旦你越過這一界限，會給下屬造成這樣一種印象，就是當你做出一個決定時，他們以為你會站在他們那一邊，如果你的決定與他們所期望的相反，他們會認為你背叛了朋友。你不應該與你自己的下屬以及主管保持一種過於親密的私人關係，這種友誼會給工作帶來不便。

你與下屬相處時，應該保持職責習慣，當你去看醫生時，你總是希望醫生對你的病情特別對待，但從職責上來講，醫生不會對你表露出任何的私人情感，他只會把你當成病人。這正是領導者所需要的職責習慣，你在工作中要保持客觀性。當然，也不是絕對不能表露自己的觀點，要注意的是界限。

主管不應捲入下屬的愛與恨之中。當你從自己喜歡的下屬面前走過時，要提醒自己，時時詢問自己的動機，避免與他顯得過於親密。

與下屬保持適當距離並不是要領導者整日「神龍見首不見尾」。相反，當員工需要你時，還要讓他們隨時可以找到。

有些下屬完全可以脫離自己的領導，他們不需要時時請示主管就可以完成被要求去做的事情。畢竟這種從自我開始，自行解決問題，自由完成工作的下屬是極少見的。大多數的員工都需要與主管在一起，需要主管為他們指引方向，提供支持，做出反饋，給予贊許。可是，長期與下屬聚在一起，又會使下屬養成一種事事依賴於主管的習慣。

同時，你還要讓下屬知道，他們自己完全有能力自行解決某些問題。要讓下屬的心態平和，只有在出現危機需要緊急援助時，才與你聯繫。至於一些小問題，可以自行解決，不必依賴於主管。

安排好與下屬的談話

和下屬談話是一種有目的的面對面的交流。談話的目的通常是比較明確的，一般可分為了解情況、宣導傳達、解決糾紛和批評教育幾種。為了做好這項工作，可參考如下建議。

一、做好談話計劃

為了有的放矢，在談話前，必須做好計劃。首先要確立談話的主題，並具體列出要傳遞、獲取或交換的資訊。其次是時間和地點的安排。安排好時間有助於談話過程在時間上的進行和控制，地點的選擇則影響談話的環境氣氛。第三，發出合適的邀請。

二、充分瞭解被邀的談話者

領導者應對被邀的談話者脾氣、態度、學經歷等有所瞭解。領導者還要猜想對方對於這次談話的反應，要多從被邀談話者的角度著想，有效地控制談話內容，創造良好的氣氛。

三、確定談話中應有多少「友善」成分

友善能使被邀談話者在心理上縮短和領導者的距離，適當的表達出友善，有時還會起到奇妙的作用。比如，在批評談話中，被邀的談話者常會有一種防禦心理。如果領導者在適當的時候能給他倒杯水，或採取別的友善態度，就容易消除他的抵觸感，而使談話能正常進行，達到預期的目的。當然，並不是越友善越好，過分的友善連基本原則也不講，那麼就會妨礙談話的目的。因此，不同類型的談話，面對不同性格的人的談話，友善程度是不一樣的，事先確定好你的原則，在交談過程中就容易拿捏好分寸。

四、製造良好的談話氣氛

除了注意談話的場所外，還要注意談話的地點，不應製造緊張的談話氣

氛。談話中儘量不用答錄機或錄影設備，若需使用，要事先說明用途。如有第三者在場，要事先作好介紹，說明他在場的理由。對具有祕密性的談話，儘量選擇在人少安靜的地方進行。此外，還應當使談話盡可能不受干擾，如突然的電話鈴響，或者突然有人推門而入等等。

五、發問的藝術

發問對於談話相當重要。問題的措辭及發問方式，會廣泛地影響領導者所要獲得的資訊內容和程度。怎樣有效的發問呢？第一，問句應當清楚簡短，讓對方一聽就明白你在問什麼。第二，不要對問句做過多的解釋，否則對方會認為你在低估他的智慧。第三，措辭應當配合發問方式，直接性發問應使用明確的措辭，試探性發問則宜使用婉轉的措辭。第四，發問的內容與談話的目的有關，否則容易使談話主題失控。第五，避免暗示對方做不誠實的回答。第六，一個問句不要包含好幾個問題，否則被問者不知該選擇哪個先答，且容易使回答含糊不清。

六、引導談話

談話是一個雙方交流的過程，因此，要注意引導被邀的談話者談話。千萬不要自顧的誇誇其談、口若懸河，只圖自己一時痛快，最後達不到談話的目的。

七、應付不適當的反應

由於談話雙方不恰當的問答，會使被邀談話者出現一些不適當的反應，給談話帶來困難，達不到談話的目的，對此要靈活處置。如儘量避免談對方敏感的話題和不願透露的個人私事，傷及他人的話應當少說。領導者要有領導者的風度，避免說粗話，以免使談話陷入尷尬。在陷入僵局時，可採取果斷措施宣佈有關事項，或暫時中止談話，等氣氛融洽時，再繼續進行，這樣才能得到預期的效果。

適時的表揚下屬

馬克・吐溫說：「得到一次讚揚，我可以多活兩個月。」公開表揚是用來鼓舞一個人的熱情，提高他們積極性的最強有力的方法。

每個對工作盡心盡力的人都需要得到別人的肯定。報酬固然重要，但多數人認為獲得報酬只是一種權利，是他們付出工作的交換。除了應得的薪水之外，人們更需要在他們的工作中做出了一份貢獻後，他們的努力有成果並得到上司的賞識。

表揚讚美是最好的激勵方式之一。如果管理者能夠充分地運用表揚來表達自己對下屬的關心和信任，就能有效地提高下屬的工作效率。然而，並非每個管理者都懂得讚美表揚下屬。下面是幾點是比較適宜的做法。

一、讓讚美表揚更具隱蔽性

當著下屬的面讚美表揚下屬並非最好的方法，有時這會讓下屬懷疑管理者讚美的動機和目的。比如下屬可能會想「是不是自己做錯了什麼，他在安慰我，在為我打氣」。

增加讚美表揚的隱蔽性，讓不相干的「第三者」將管理者的讚美傳遞到下屬那裏，可能會收到更好的效果。

管理者可以在與其他人交談時，不經意地讚美表揚自己的下屬。當下屬從別人那裏聽到了自己的主管對他的讚美時，他會感到更加真誠和可信。

二、表揚具體的事情

表揚下屬具體的工作，要比籠統地讚美他的能力更加有效。首先，被讚美的下屬會清楚是因為什麼事情，使自己得到了表揚，下屬會由於管理者的讚美而把這件事做得更好。

其次，不會使其他下屬產生嫉妒的心理。如果其他的下屬不知道這位下屬被讚揚的具體原因，會覺得自己得到了不公平的待遇，甚至會產生抱怨。表揚具體的事情，會使其他下屬以這件事情為榜樣，努力做好自己的工作。

三、讚美應發自內心

不要為了讚美而讚美，讚美應該發自管理者的內心。如果下屬感覺到管理者是故意在讚美的，他有可能會產生逆反心理，甚至會認為管理者是虛偽的。另外，讚美也不應該在宣佈工作任務時進行，這樣也會讓下屬感覺管理者的表揚並非發自內心。

四、表揚工作結果，而非工作過程

當一件工作徹底結束之後，管理者可以對這件工作的完成情況進行表揚。但是，如果一件工作還沒有完成，僅僅是你對下屬的工作態度或工作方式感到滿意，就進行表揚，可能不會收到很好的效果。

這種基於工作過程的表揚，會增加下屬的壓力，他會想「如果不能很好地完成任務怎麼辦？那該會讓自己的主管多麼失望和沒有面子。」

如果下屬長期處在這種心理壓力之下，久而久之會對管理者的表揚產生條

件反射式的反感。由此看來，這種表揚很可能會成為管理者對下屬的「折磨」。

五、表揚特性，而非共同性

表揚一位下屬，一定要注意表揚這位下屬所獨自具有的那部分特性。如果管理者表揚的是所有下屬都具有的能力，或都能完成的事情，這種表揚會讓被表揚的下屬感到不自在，也會引起其他下屬的強烈反感。

有技巧的處理面對面的衝突

領導者與被領導者在日常的工作中，偶爾也會為某件事而發生摩擦，甚至爭得面紅耳赤。事情過後，大多能夠握手言和。

美國迪卡爾財政公司經理狄克遜，在管理方法上曾提出「有摩擦才有發展」的觀點。一次，狄克遜無意中說了一句話，觸怒了對方，雙方在失去理智控制的情況下，激烈爭辯，把長期鬱積在內心的話傾吐了出來。然而，這次的爭吵卻使雙方真正交流了思想，反倒覺得雙方的距離縮短了。以後雙方坦率相處，關係有了新的發展。

在人與人之間的關係中，在領導者與被領導者之間的關係中，時常出現

「敬而遠之」的現象，這種現象使彼此的思想無法進一步溝通。因為越是「敬而遠之」，就越無法增加交換意見的機會和可能。這樣，偏見和誤解就會逐步加深。有時，在合適的時機，透過一兩次摩擦和衝突，倒可能使多年的問題得到解決，作為管理者應該敢於面對衝突，而不能一味遷就。

透過衝突進一步改善人際關係，使全體員工襟懷坦白、精誠合作。管理者如果沒有面對衝突的勇氣，沒有解決衝突的能力，就難以改變惡化的人際關係，從而也就難以領導部門的工作。

正確的對待人與人、人與組織的關係，是企業內部公共關係的重點之一。因此，每個管理者都應該為全局著想，認真對待這個問題，要善於處理面對面的衝突。

你與員工之間難免有爭執衝突的時候。爭執衝突的主要原因，是因為你們對工作有不同的期望和標準。你希望工作儘快完成，而他們卻認為不可能；你對他們的表現很失望，他們也因為沒有順利完成工作而灰心；員工希望得到更好的工作環境，而你卻不能滿足；這些情況都會對你們的工作造成不好的影響，影響你在員工中的威信。

因此，要樹立在員工中的威信，就必須學會化解與員工之間的衝突，讓他們佩服你。在你設法化解與員工的衝突時，你可以問自己以下幾個問題：「我和員工的衝突到底是什麼？」「為什麼會產生這種衝突？」「為了解決這個衝突，我要克服哪些障礙？」「有什麼方法可以解決這一衝突？」當你找到了解決衝突的方法時，還要檢測這是否是有效的方法。

另外，你還應當預見到按這種方法去做時會出現什麼結果，以做到心中有數，不至於到時不知所措。當然，如果你感到問題很複雜時，可以找個專家諮詢一下，或找個朋友談一談情況，請他們為你出主意。

一位管理者既要學習管理技巧，也要注意培養自己的領導風格，增強自身的人格魅力，讓員工自願與你積極合作，共謀大事。對於有些稍有缺陷的管理者來說，更應當注意如何增強自身的修養，以減少與員工之間的衝突，達到最佳的合作狀態。

如何婉言拒絕同事的要求

身處職場，經常遇到這樣的問題：一位同事讓你幫他做一份難度很高的工作。若答應了，可能要連續加幾個晚上的班才能完成，而且這也不符合公司的規定；但拒絕了，之後見面會很尷尬，畢竟是多年的同事了。應該怎麼找一個既不會得罪同事、又能把這項工作順利推掉的理由呢？

有人會直接對同事說：「不行，就是不行！」這絕對不是最佳選擇，可能會讓你和同事以後連朋友都沒得做。

有人會推託說：「我能力不夠，其實小A更適合。」那你有沒有想過當同事把你的這番話說給小A聽時，他會做何反應？

有人會不好意思地說：「我真的忙不過來。」理由不錯，可是只能用一次，第二次再用時，你面對的一定是同事疑惑的眼光。

這些好像都不是最佳拒絕理由，那我們到底應該怎樣婉轉地拒絕不合理要求呢？

一、先傾聽，再說「不」

當你的同事向你提出要求時，他們心中通常也會有某些困擾或擔憂，擔心你會不會馬上拒絕，擔心你會不會給他臉色看。因此，在你決定拒絕之前，首先要注意傾聽他的訴說。比較好的辦法是，請對方把處境與需要，講得更清楚一些，自己才知道如何幫他。接著向他表示你瞭解他的難處，若是你易地而處，也一定會如此。

「傾聽」能讓對方先有被尊重的感覺，在你婉轉地表明自己拒絕的立場時，也比較能避免傷害他的感覺，或避免讓人覺得你是在應付。如果你的拒絕是因為工作負荷過重，傾聽可以讓你清楚地界定對方的要求是不是你分內的工作，而且是否包含在自己目前重點工作範圍內。或許你仔細聽了他的意見後，

會發現協助他有助於提升自己的工作業績。這時候，在兼顧目前工作原則下，犧牲一點自己的休息時間來協助對方，對自己的職業生涯是絕對有幫助的。

「傾聽」的另一個好處是，你雖然拒絕他，卻可以針對他的情況，建議如何取得適當的支持。若是能提出有效的建議或替代方案，對方一樣會感激你。甚至在你的指引下找到更適當的支援，反而事半功倍。

二、溫和堅定地說「不」

當你仔細傾聽了同事的要求、並認為自己應該拒絕的時候，說「不」的態度必須是溫和而堅定的。好比同樣是藥丸，外面裹糖衣的藥，就比較讓人容易入口。同樣地，委婉表達拒絕，也比直接說「不」讓人容易接受。

例如，當對方的要求是不合公司或部門規定時，你就要委婉地表達自己的工作許可權讓對方知道，並暗示他如果自己幫了這個忙，就超出了自己的工作權限，違反了公司的有關規定。在自己工作已經排滿而愛莫能助的前提下，要讓他清楚自己工作的先後順序，並暗示他如 果幫他這個忙，會耽誤自己正在進行的工作，會對公司和自己產生較大的衝擊。

一般來說，同事聽你這麼說，就會知難而退，再想其他辦法的。

三、多一些關懷

拒絕時除了可以提出替代建議，隔一段時間還要主動關心對方。

有時拒絕是一個漫長的過程，對方會不定時提出同樣的要求。若能化被動為主動地關懷對方，並讓對方瞭解自己的苦衷與立場，可以減少拒絕的尷尬與影響。當雙方的情況都改善了，就有可能滿足對方的要求。

拒絕的過程中，除了技巧，更需要發自內心的耐性與關懷。若只是敷衍了事，對方其實都看得到。這樣的話，有時更讓人覺得你不是個誠懇的人，對人際關係傷害更大。

總之，只要你是真心地說「不」，對方一定會體諒你的苦衷。

Change myself
08

這麼做！誰還會討厭你：打好人際關係的4個方法

雅致風靡　典藏文化

親愛的顧客您好，感謝您購買這本書。即日起，填寫讀者回函卡寄回至本公司，我們每月將抽出一百名回函讀者，寄出精美禮物並享有生日當月購書優惠！想知道更多更即時的消息，歡迎加入"永續圖書粉絲團"

您也可以選擇傳真、掃描或用本公司準備的免郵回函寄回，謝謝。

傳真電話：（02）8647-3660　　　電子信箱：yungjiuh@ms45.hinet.net

姓名：	性別：　□男　□女
出生日期：　年　月　日	電話：
學歷：	職業：
E-mail：	
地址：□□□	
從何處購買此書：	購買金額：　元
購買本書動機：□封面 □書名 □排版 □內容 □作者 □偶然衝動	
你對本書的意見： 內容：□滿意□尚可□待改進　編輯：□滿意□尚可□待改進 封面：□滿意□尚可□待改進　定價：□滿意□尚可□待改進	
其他建議：	

總經銷：永續圖書有限公司
永續圖書線上購物網
www.foreverbooks.com.tw

您可以使用以下方式將回函寄回。
您的回覆，是我們進步的最大動力，謝謝。

① 使用本公司準備的免郵回函寄回。
② 傳真電話：（02）8647-3660
③ 掃描圖檔寄到電子信箱：
yungjiuh@ms45.hinet.net

沿此線對折後寄回，謝謝。

廣 告 回 信
基隆郵局登記證
基隆廣字第056號

221-03
雅典文化事業有限公司　收
新北市汐止區大同路三段194號9樓之1